ANTIKE UND GEGENWART

Antike Briefe

Cicero – Plinius – Seneca

Mit Begleittexten von Petrarca u. a.

bearbeitet von
Kurt Benedicter

C. C. BUCHNERS VERLAG

ANTIKE UND GEGENWART

Lateinische Texte
zur Erschließung europäischer Kultur

Herausgegeben von Prof. Dr. Friedrich Maier,
Humboldt-Universität zu Berlin

Abbildungsnachweis:
Archiv für Kunst und Geschichte, Berlin (3), Artothek, Peissenberg (1), Bildarchiv Preußischer Kulturbesitz, Berlin (1), Cinetext, Frankfurt (1), Mauritius, Mittenwald (1), Rheinisches Landesmuseum Trier (1), Scala, Antella (1), Zentrale Farbbildagentur, Düsseldorf (4), Verlagsarchiv.

Textnachweis:
S. 97: Curzio Malaparte, Die Haut © Arnoldo Mondadori Editore, Mailand 1949. Deutsche Ausgabe: © Stahlberg Verlag, Karlsruhe 1950. Alle Rechte vorbehalten S. Fischer Verlag GmbH, Frankfurt am Main.

1. Auflage 1 4 3 2 1 2002 01 00 1999
Die letzte Zahl bedeutet das Jahr dieses Druckes.

Alle Drucke dieser Auflage sind, weil untereinander unverändert, nebeneinander benutzbar.

Dieses Werk folgt der reformierten Rechtschreibung und Zeichensetzung. Ausnahmen bilden Texte, bei denen künstlerische, philologische oder lizenzrechtliche Gründe einer Änderung entgegenstehen.

ISBN 3 7661 5962 3

Einbandmotiv: Mädchen mit Wachstafel und Schreibgriffel, Wandgemälde aus Pompeji, 1. Jh. n. Chr., Archäologisches Nationalmuseum, Neapel

Gesamtherstellung: Fränkischer Tag GmbH u. Co. KG, Bamberg

Vorwort

In kaum einer anderen literarischen Gattung bringt der Autor so viel an Offenheit und Deutlichkeit der persönlichen Meinungsäußerung ein wie in Briefen. So bildete die Briefliteratur schon immer einen wesentlichen Bestandteil des Lektüre-Kanons und ist auf besondere Weise geeignet, jungen Menschen über die oft doch recht subjektiven Darstellungen der Geschichtsschreiber hinaus ein umfassendes Bild von großen Persönlichkeiten, von den politischen Hintergründen, aber auch vom Alltagsleben der Römer zu vermitteln:

Cicero, der große Politiker, Redner und Philosoph der republikanischen Zeit offenbart sich gerade in den Briefen als Mensch mit all seinen kleinen Fehlern und Schwächen: seinem Ehrgeiz, seiner Bereitschaft zum politischen Handel, seinen Ängsten und Egoismen.

Plinius führt uns nicht nur sehr anschaulich den Alltag der Römer in der Kaiserzeit, ihre literarische und kulturelle Betätigung vor Augen, sondern berichtet uns auch über weltbewegende historische Ereignisse wie den Vesuvausbruch des Jahres 79 v. Chr. oder die Christenverfolgung. Er prägt aber auch das Bewusstsein für eine werthafte Lebensgestaltung und geht sowohl auf seine eigenen wie auch auf allgemeine menschliche Probleme ein.

Senecas *Epistulae morales* schließlich stellen ein Musterbeispiel für popularphilosophische Erziehung zu einem an ethischen Normen orientierten Leben dar, das auch für die heutige Zeit von Nutzen sein kann.

So vereint der vorliegende Band die namhaftesten Briefautoren in einem Heft und versucht nicht nur das Wesen des Briefs, seine Grundhaltung und Wirkungsabsicht schlechthin sichtbar werden zu lassen, sondern auch durch seinen thematisch geordneten Aufbau herauszuarbeiten, wo der jeweilige Autor seine Stärken und Schwächen hat, wo er seine Schwerpunkte setzt und wertvolle Erkenntnisse vermitteln kann.

An vielen Stellen werden Briefe zweier Autoren von gleicher Thematik gegenübergestellt. Dennoch ist durch eine genaue Kapitel- und Themenübersicht (S. 11–13) auch die Möglichkeit einer nach den drei Autoren getrennten Lektüre sichergestellt.

Eine besondere Note kann der Brief-Lektüre durch den Einbau von Begleit-Texten des großen Humanisten Francesco Petrarca (1304–1374) gegeben werden, der in fiktiven an Cicero bzw. Seneca ins Jenseits gerichteten Briefen kritisch zu den Denkweisen und Handlungen der Autoren Stellung bezieht, was ja einen ganz wesentlichen Beitrag zur Rezeptionsgeschichte bedeutet.

Durch die – bei aller strengen, am Wert der Briefe ausgerichteten Auslese – bewusst angestrebte thematische Vielfalt ergibt sich als sehr wichtiger Nebengewinn eine *Wortschatzwiederholung auf breiter Basis.*

Die Einteilung in thematisch geschlossene, knappe (Kapitel-/Seiten-) Einheiten soll die Lektüre – nicht zuletzt durch die reiche, inhaltsbezogene Farbbebilderung – für unsere Schüler überschaubarer und reizvoller machen.

Selbstverständlich fehlen nicht ein Eigennamen-Verzeichnis, eine Zeittafel, Karten und Literaturangaben sowie sprachliche Hilfen zum Brief-Stil mit einer Ergänzungswortschatz-Liste.

Kurt Benedicter

Inhalt

A Vorspann

B Die behandelten Bereiche der Brief-Literatur bei Cicero, Plinius und Seneca

C Anhang

1 Kurze Viten der Brief-Autoren

1.1 Cicero

MARCUS TULLIUS CICERO wurde am 3. 1. 106 v. Chr. in Arpinum in einer dem Ritterstand angehörenden Familie geboren; er erlernte und erarbeitete sich seine juristische und philosophische Bildung in Rom und bei Aufenthalten in Griechenland und Kleinasien (79–77) zusammen mit seinem Bruder QUINTUS und seinem Freund TITUS POMPONIUS ATTICUS. Seine rhetorischen Fähigkeiten verdankt er dem Unterricht bei den berühmtesten Redelehrern der Zeit, nämlich bei CRASSUS (Großvater des Triumvirn) und ANTONIUS. Damit war er befähigt, als Anwalt bei Prozessen tätig zu sein, eine der wichtigsten Voraussetzungen für einen erfolgreichen Eintritt in die senatorische Laufbahn mit den Stufen Quaestor (75), Aedil (69), Praetor (66) und als Höhepunkt das Konsulamt (63), letzteres bei heftigem Widerstand der Nobilität gegen den *„homo novus"*.
Die Grundlage für diesen Aufstieg hatte er durch seine glänzende rhetorische Begabung geschaffen, die erstmals in den Anklagereden gegen den Proprätor von Sizilien, VERRES, zutage trat, obwohl Verres durch den in jener Zeit berühmtesten Redner, HORTENSIUS, vertreten wurde.
Als Konsul deckte er die sozialrevolutionäre Verschwörung des CATILINA auf und ließ dessen Anhänger gegen den Willen CAESARS noch am Tag der Urteilssprechung hinrichten. Dies brachte ihm unter Caesars Konsulat durch seinen Intimfeind, den inzwischen zum Volkstribun gewählten CLODIUS, (59) die Verbannung ein, weil er römische Bürger ohne ordentliches Gerichtsverfahren hatte töten lassen. Cicero musste sich 400 Meilen von Rom entfernt aufhalten und verlor einen großen Teil seines Besitzes; er war völlig niedergeschlagen und trug sich mit Selbstmordgedanken. Als Caesar und der Senat einwilligten, wurde die Verbannung 57 wieder aufgehoben. Obwohl Cicero alles tat, um die Freundschaft der drei mächtigsten Männer jener Zeit, POMPEIUS, CAESAR und CRASSUS, zu gewinnen, die sich im Jahre 60 zum ersten Triumvirat zusammengeschlossen hatten, wurde sein politischer Einfluss immer geringer, zumal ihn auch eine persönliche innere Zerrissenheit hinderte, einen erträglichen Mittelweg zwischen seiner früheren republikanischen Gesinnung und einer späteren Hinwendung zu Caesar zu finden.
Als das Triumvirat zerbrach, weil Caesar seine starke Position in Gallien immer mehr zur Machterweiterung ausnützte, versuchte Cicero vergebens, zwischen Caesar und Pompeius zu vermitteln. Caesar entfachte im Jahre 49 v. Chr. den Bürgerkrieg und Cicero war wie Pompeius gezwungen, Italien zu verlassen. Nach dem Sieg Caesars über Pompeius musste Cicero zwar lange in Brindisi bzw. in Afrika auf seine Begnadigung warten; Caesar vollzog diese dann aber im August 47 sehr großzügig, wie gerade aus Ciceros Briefen deutlich hervorgeht.
In den folgenden Jahren trafen Cicero schlimme persönliche Schicksalsschläge, so die Scheidung von seiner Gattin TERENTIA (46) und der Tod seiner geliebten Tochter TULLIA (45).
Nach der siegreichen Beendigung des Bürgerkriegs und der Übernahme der Herrschaft wurde Caesar am 15. März 44 von der Senatsopposition unter Führung des

BRUTUS und des CASSIUS ermordet. Als Cicero dies als Befreiung bejubelte und zum Kampf gegen MARCUS ANTONIUS, den Gegner des Brutus aufrief, machte er sich nach der Verständigung der Rivalen, des ANTONIUS und des jungen OCTAVIAN, auch letzteren zum Gegner und wurde im Jahre 43 eines der ersten Opfer der Proscription.
Ciceros inhaltlich und stilistisch glänzend ausgefeilte *Reden* galten immer als Musterbeispiele für antike Rhetorik. Seine bedeutendsten Schriften sind aber zweifellos seine philosophischen Werke, vor allem *De re publica, De legibus, De finibus* und *Tusculanae Disputationes*. Die Wissenschaft betrachtet es aber immer als Glücksfall, dass auch der Großteil der im Altertum gesammelten **Briefe** Ciceros erhalten blieb: in vier Sammlungen insgesamt mehr als 800 Briefe *(Ad M. Brutum, Ad Quintum fratrem, Ad familiares* und *Ad Atticum)*. In diesen Briefen wird das Denken und Handeln Ciceros in einem manchmal doch zwiespältigen Charakterbild sichtbar. Es reicht vom überzeugenden Handeln als Anwalt und Freund bis hin zum kleinlichen Schachern im politischen Alltag Roms, vom aufrichtigen Bemühen um den Staat und um die Freunde bis zum gelegentlich fast schon erbarmenswerten Jammern in Notlagen und bis zur kläglichen Hilflosigkeit.

1.2 Plinius

C. PLINIUS CAECILIUS SECUNDUS wurde im Jahre 61 oder 62 n. Chr. in Novum Comum nördlich von Mailand geboren. Sein Adoptivvater – der Vater war früh gestorben – war der ÄLTERE PLINIUS (gestorben beim Vesuv-Ausbruch 79 n.Chr.). Dieser ließ ihn in Rom bei berühmten Lehrern (u.a. dem Redelehrer QUINTILIAN) sorgfältig erziehen. Schon mit 19 Jahren war Plinius als Anwalt tätig und begann bald die Stationen der Ämterlaufbahn (s. Zeittafel S. 100 f.). Er galt als geistvoller Redner und nahm auch an den Staatsgeschäften Anteil; so war er unter Kaiser TRAJAN als kaiserlicher Legat und Verwalter für Bithynien tätig. (s. Brief X 96, S. 51).
Im Jahre 79 n. Chr. erlebte Plinius im Alter von 17 Jahren den Vesuv-Ausbruch bei Neapel mit, dem sein Adoptivvater als Kommandeur der römischen Flotte im Kriegshafen Misenum zum Opfer fiel. 100 n. Chr. bekleidete er das Amt des Konsuls, das freilich in der Kaiserzeit weit weniger Bedeutung hatte als früher. Eine Lobrede auf Kaiser Trajan, die er bei dieser Gelegenheit hielt und später auch überarbeitet herausgab, ist erhalten. Nicht erhalten sind seine Reden vor Gericht, die er ebenfalls überarbeitet in Buchform herausgegeben hat. Sie gingen genauso verloren wie seine Gedichte und Epigramme, über die er in den Briefen berichtet.
Die Briefe des Plinius berühren alle möglichen Lebensbereiche und geben uns Kenntnis

- vom Alltagsleben der Römer
- von den gesellschaftlichen Verhältnissen in Rom
- vom politischen Leben und von der Anteilnahme der Römer an ihrem Staat
- von der Bedeutung der Literatur und Rhetorik für das Leben eines Römers
- von den Problemen, die Menschen in gewissen Lebensphasen bewegen
- vom Verhalten der Menschen in Ausnahmesituationen
- von der Auseinandersetzung mit den humanitären und kulturellen Werten
- schließlich von der Begegnung der Römer mit dem Christentum

In den Briefen spiegelt sich auch, dass Plinius mit einer Reihe von bedeutenden Persönlichkeiten seiner Zeit bekannt war, z.B. mit dem Historiker TACITUS und dem Biographen SUETON.
Plinius zeigt sich uns in den Briefen als ein Mensch von großer Gewissenhaftigkeit und Zuverlässigkeit, freilich auch als eine sehr unselbstständige Person. Insgesamt gewinnt man den Eindruck eines sehr geistvollen, liebenswürdigen und sensiblen Menschen, der für alles Gute und Schöne zu begeistern war. Unverkennbar ist ein beträchtlicher Ehrgeiz und bis zu einem gewissen Grad auch Selbstgefälligkeit. Plinius starb etwa im Jahre 115 n.Chr.

1.3 Seneca

Der römische Philosoph LUCIUS ANNAEUS SENECA ist etwa um das Jahr 4 v. Chr. in einer begüterten, ritterlichen römischen Familie – schon sein Vater war wahrscheinlich römischer Beamter und ebenfalls literarisch tätig – in Cordoba (Spanien) geboren. Er kam früh nach Rom und erhielt dort die übliche Ausbildung beim *grammaticus* und *rhetor*. Durch SOTION (einen Vertreter der pythagoreischen Richtung der Stoa) und den Stoiker ATTALUS wurde er in die Philosophie eingeführt. Nach einem längeren Aufenthalt in Ägypten kehrte er 31/32 nach Rom zurück, wurde Quaestor und trat in den Senat ein. Im Jahre 50 war er Praetor. Als Redner und Literat nahm er unter CALIGULA eine führende Stellung ein, war aber dann wegen angeblichen Ehebruchs mit dessen Schwester (wahrscheinlich nur eine Intrige der MESSALINA) von 41–49 nach Korsika verbannt.
Als Erzieher des jungen NERO eingesetzt versuchte er, ihn im günstigen Sinn zu beeinflussen und hatte auch in den ersten Regierungsjahren dieses Kaisers eine sehr einflussreiche und auch einträgliche Stellung im politischen Leben in Rom inne. De facto lenkte er zu dieser Zeit mit dem Gardepräfekten BURRUS das römische Weltreich und drängte den Machtanspruch der AGRIPPINA zurück. 55/56 wurde er Konsul.
Im Jahre 65 verdächtigte ihn Nero an einer Verschwörung gegen ihn teilgenommen zu haben und er musste auf Weisung des Kaisers Selbstmord begehen (↗Petrarca-Brief S. 94 f.).
Seneca schrieb seine Werke in einem knappen, mit Sentenzen durchsetzten Stil; er verfasste neben uns weniger verständlichen pathetischen Lesedramen (z.B. *Octavia praetexta*) popularphilosophische Werke über Probleme der Ethik und der Naturphilosophie, darunter die *Epistulae morales* und die *Naturales Quaestiones*. Die Briefe sind an einen (vielleicht fiktiven) Gesprächspartner LUCILIUS gerichtet, der mit Entgegnungen und Fragen zur richtigen Entwicklung des Gedankengangs beiträgt. Dieser Gesprächspartner spielt übrigens die gleiche Rolle in seinen Dialogen (z.B. *De providentia, De constantia sapientis, De ira, De vita beata, De brevitate vitae*). Die Briefe vermitteln eine Vorstellung von den Problemen der Zeit und von Senecas Ringen um die Wiedergewinnung einer verantwortlichen freiheitlicheren ethischen Haltung, wobei Seneca seine reiche Lebenserfahrung in mannigfältiger Weise mit einbringt. Seine von Menschlichkeit erfüllte stoische Ethik berührt sich dabei vielfach mit dem Christentum, so dass ihn manche Kirchenväter für einen Christen hielten.

2 Grundsätzliches zur Briefliteratur in Kürze

2.1 Was bedeutet das Wort Brief?

Ursprünglich bedeutete ‚Brief' eine kurze *(brevis)* schriftliche Mitteilung für eine abwesende Person. So soll der Brief geradezu eine Gesprächssituation herstellen. Bald entwickelte sich der Brief über diesen ursprünglichen Zweck hinaus: er diente als „offener" oder „öffentlicher" Brief auch

- der Darstellung von bedeutenden Ereignissen
- der politischen Kommunikation
- als ‚paränetischer' Brief der Veröffentlichung von philosophischen oder anderen moralischen Ansichten.

So stellte der Brief – insbesondere für bedeutende Persönlichkeiten – bald ein sehr wichtiges Instrument im gesellschaftlichen und politischen Leben dar und war damit auch für den literarischen und amtlichen Bereich erschlossen. Solche Briefe wurden später oft nachträglich ausformuliert und stilisiert, wie sich vor allem bei der Lektüre der Plinius-Briefe leicht erkennen lässt, wobei sicher nicht nur der Zweck, sondern ebenso das Stilniveau des Plinius die Diktion bestimmten.

2.2 Zu Formen, Material und Beförderung von Briefen

In der Kapiteleinheit I findet sich eine Reihe von Textstellen mit Originalzitaten aus Briefen von Cicero und Plinius, denen man alle wichtigen Einzelheiten dazu entnehmen kann. Gleiches gilt für Zweck und Wirkungsabsicht der Briefe.

2.3 Zum Briefstil

Für den Stil antiker Briefe galten ursprünglich folgende Regeln:

- Kürze
- ein „mittlerer" sprachlicher Stil *(genus dicendi medium)* zwischen alltäglichem Plauderton und gehobener Rede
- Klarheit des Aufbaus und
- unaufdringliche Eleganz ohne schwulstigen Satzbau mit zu vielen Redefiguren.

2.4 Eingangs- und Schlussformeln

Die Briefe beginnen meist mit dem Namen des Schreibers und dem des Adressaten im Dativ, was sich aus der üblichen Formel (z.B.)

Plinius Maximo suo s(alutem) d(icit)

erklärt, wobei das hinzugesetzte Pronomen *suo/suae* als Zeichen der Vertraulichkeit gelten kann. Dann kann ein

Si vales/valetis, bene (est) – Ego valeo folgen.

Der Brief schließt meist mit Wohlergehenswünschen, z.B.:

Vale/valete oder *Fac/Cura (ut) valeas/valeatis!*

3 Wichtige sprachlich-stilistische Hinweise

3.1 Die häufigsten Redefiguren

1. **Alliteration:** nennt man es, wenn kurz aufeinander folgende sinngemäß zusammengehörige Wörter mit dem gleichen Anfangs-Buchstabens beginnen, z.B. II T 1.2, Z. 1: *ad aliquam alicuius commodi aliquando... spem.*
2. Die **Anápher** wiederholt das gleiche Wort am Anfang von Sätzen oder Teilsätzen, z.B. III T 2, Z. 11: *Nihil audio, quod..., nihil dico, quod...*
3. Beim **Asýndeton** entfällt die verbindende Konjunktion, z.B. V T 2.2, Z. 4: *durum, ferum, barbarum est.* Oder III T 1.2, Z. 19: *Natale solum amare, frequentare consuescant...*
4. **Parallelismus** nennt man es, wenn sich entsprechende Satzabschnitte gleichmäßig aufgebaut sind, z.B. III T 3.1, Z. 5: *nam iuvenes confusa quaedam et quasi turbata non indecent; ...senibus placida omnia et ordinata conveniunt.*
5. Als **Chiasmus** (nach dem griechischen Buchstaben X, d.h. Chi), bezeichnet man die Überkreuzstellung von Satzgliedern, z.B. III T 3.1, Z. 6: *quibus industria sera turpis ambitio est.* Oder III T 3.3, Z. 12: *gessit magistratus, provincias rexit.*
6. Beim **Homoiotéleuton** liegt ein Gleichklang der Endsilben entsprechender Wörter vor, z.B. I T 6.1, Z. 5: *...nihil dissimulans, nihil occultans, nihil tibi indulgens.*
7. Als **Hypérbaton** bezeichnet man die Trennung zusammengehöriger Wörter durch die Zwischenschiebung anderer, z.B. I T 4.1, Z. 1: *Duas adhuc a te accepi epistulas.*
8. Die **Litótes** deutet eine Aussage vorsichtig an oder betont sie verstärkt durch doppelte Verneinung, z.B. I T 6.4, Z. 1: *Non ignoras...*
9. Bei der **Metápher** steht eine bildliche Wendung in übertragener Bedeutung, z.B. VI T 1.2, Z. 6 ff: *Nubes... quibusdam ramis diffundebatur.*
10. Die **Synonymie** wiederholt gleichbedeutende Wörter, z.B. I T 6.5, Z. 3: *...nihil fingam, nihil dissimulem, nihil obtegam...*

3.2 Häufige sprachliche Erscheinungen in den folgenden Texten

1. Eine Konjunktion (z.B. *quamvis*) kann (vor allem bei Plinius) nicht nur einen Gliedsatz einleiten, sondern auch zu Partizipien oder Adjektiven treten, die dann verbal übersetzt werden müssen, z.B. VI T 1.4, Z. 7: *Ibi, quamquam nondum periculo appropinquante ... contulerat.*
2. Bei gewissen Verba composita (*in-, ad-*) steht in der Silbernen Latinität (d.h. der literarischen Sprache der Kaiserzeit von Tiberius bis Domitian) meist der Dativ, z.B. VI T 1.4, Z. 6: *...litoribus mare infunditur...*
3. Der Römer versetzt sich beim Briefschreiben oft in die Zeit, zu der der Empfänger den Brief liest, und verwendet dann Imperfekt/Perfekt statt des Präsens (Cicero!), z.B. I T 2, Z. 1: *exaravi.* Gleiches gilt für adverbielle Zeitbestimmungen.

3.3 In der Brief-Literatur häufig vorkommende Wendungen

Es gibt es eine Reihe von Redewendungen und sprachlichen Erscheinungen, die in den Texten dieses Bandes besonders häufig vorkommen. Sie sind im Folgenden in alphabetischer Ordnung zusammengestellt. Wer sie sich vorab aneignet, wird beim Übersetzen schneller vorankommen.

Akkusative des Ausrufs, z.B.: *o facinus indignum, o me perditum, o rectam vitam* (gelegentlich werden diese Akkusative mit A.c.I. verbunden)
an (leitet oft eine indirekte Frage ein): ob
amans (+ Gen.): ein (politischer) Anhänger von jmd.

Fac (ut) venias/fac (ut) sciam!: sieh zu, dass du kommst/lass mich wissen

(sic) habeto!: gehe davon aus!

in hoc, ut...: zu dem Zweck dass
interest nostra/eorum: uns/ihnen ist daran gelegen
iudicato!: du sollst (be-)urteilen, einschätzen

licet: (konzessive Konjunktion mit Konj.): mag auch
longe maximus: weitaus der größte

negotium est cum aliquo/aliqua re: man hat es mit jmd./etwas zu tun
non (bei indirekten Fragen): = *nonne*
numquid: ob etwa (mit indirektem Fragesatz)

optimus quisque: gerade die besten

persuadeo mihi: ich bin überzeugt

quam plurimi: so viele wie möglich
quidem: betont das vorangehende Wort besonders
quid est quod: entspricht etwa dem Wort *cur*
quidni (mit Konj.): warum nicht
quo (= *ut eo*): damit desto
quod si: bei der Übersetzung entfällt meist das *quod*: wenn (aber)
quod (faktisch): die Tatsache dass (sehr häufig!)
quominus (+Konj.): dass (nach Verben des Hinderns)

ratio constat: die Rechnung geht auf
ratio aetatis: die Zahl der Jahre/das fortgeschrittene Alter

scito: du sollst/musst wissen

vel maximus: sogar der größte
velim (venias): zu übersetzen mit „hoffentlich" (kommst du) oder „bitte" (komm)
videor mihi: ich meine/glaube; ich habe den Eindruck

Relativ häufig sind gerade in der Briefliteratur auch die sogenannten Deminutive auf **-ulus, olus** oder auf **-culus, -colus, -cula, -cola**, z.B.: *fasciculus* (Briefbündel) in T 4.2, oder *febricula* (leichtes Fieber) in T 3.1. Bei Namen wird das Deminutiv als liebevolle Ansprache verwendet, z.B. *Tulliola:* meine liebe Tullia.
Im Anhang (6) findet sich auf S. 105 zusätzlich eine Liste mit einem Ergänzungswortschatz, d.h. einer Reihe von Einzelwörtern, die in unseren Texten besonders häufig vorkommen.

4 Einzelübersicht über die behandelten Briefe

I Material, Transport und Risiken, Grundhaltung und Wirkungsabsicht des antiken Briefs

II Der Brief als familiäre, persönlich-vertrauliche Mitteilung

III Die Darstellung römischen Lebens in Briefen

Papyrus-Staude (links) und Boot mit geernteten Papyrus-Stauden auf dem Blauen Nil

Papyrus – Papier – Brief
Für briefliche Mitteilungen kamen in der Antike vor allem zwei Formen in Frage: Entweder verwendete man nach ägyptischem Vorbild Papyrus-Blätter, die mit Hilfe einer Feder oder eines zugeschnittenen Rohres mit Tinte beschrieben, dann mit einer Schnur umwickelt und gesiegelt wurden. Die Papyrus- („Papier-") Blätter wurden gewonnen, indem man den Stengel der Papyrus-Pflanze (s. Abb.) in Streifen zerschnitt, diese nebeneinander legte und mit einer gleichen, quer darüber gelegten Schicht presste, trocknete und mit dem Hammer klopfte und glättete. Das andere, vor allem bei den Römern ursprünglich übliche und sehr beliebte (Brief-) Material waren zusammengebundene und zusammenlegbare Wachstafeln (*codicilli*, manchmal auch *pugillares* genannt), in die man mit einem Griffel die Buchstaben einritzte. Der Vorteil bei diesem Material war, dass man die Schrift leicht wieder löschen und die Tafelchen neu verwenden konnte. So spricht Cicero im folgenden Auszug aus einem Brief an Atticus sogar von *exarare*, also „Herauspflügen" der Buchstaben aus dem Wachs (T2).

I Material, Transport und Risiken, Grundhaltung und Wirkungsabsicht des antiken Briefs

T 1 Cicero zu Material und besserer Lesbarkeit seiner Briefe

Ad Quintum fratrem II 15

Calamo et atramento temperato, charta etiam dentata res agetur. Scribis enim te meas litteras superiores vix legere potuisse. In quo nihil, mi frater, fuit (eorum) quae putas. Neque enim occupatus eram neque perturbatus nec iratus alicui, sed hoc facio semper ut, quicumque calamus in manus meas venerit, eo sic utar tamquam bono.

T 1 1 **calamus**: Rohr, (hier) Schreibfeder – **atramentum temperatum** (hier) gut gemischte (dunkle) Tinte – **charta dentata**: geglättetes (Papyrus-)Papier – 3 Ⓚ *(eorum,) quae:* bezieht sich auf die folgenden Wörter *occupatus, perturbatus, iratus.*

Papyrus-Rollen und ein Behälter (*capsa*), in dem die empfindlichen Blätter zum Schutz vor der Feuchtigkeit aufbewahrt wurden

T 2 Ein eilig abgefasstes Brieftäfelchen an einen Freund

Ad Atticum XII 1,1

Undecimo die, postquam a te discesseram, hoc litterularum exaravi egrediens e villa ante lucem atque eo die cogitabam in Anagnino (esse), postero autem in Tusculano; ibi unum diem.

Wachstäfelchen, hier ein rekonstruiertes Triptychon (Rom, Museo della Civiltà)

T 2 1 **hoc litterularum** (gen.part.): dieses Briefchen – **exarare:** eigtl. „herauspflügen", d.h. ins Wachs einritzen (zum Perfekt ↗ 3.2.3 auf S. 9) – **discesseram** ist dazu vorzeitig – 2/3 **Anagninum** und **Tusculanum** Landgüter Ciceros nahe der *via Latina*

Darstellungen römischer Reisewägen (links: aus Virunum bei Maria Saal in Kärnten, rechts: Trier, Rheinisches Landesmuseum). Diese Wägen schafften große Strecken; Postwägen bis zu 75 km am Tag. Die Briefboten kamen oft auch bei Nacht an und beförderten meist Briefe eines oder mehrerer Briefschreiber an die Adressaten.

T 3 Briefboten, Brieflauf und -transport

3.1 Ad Atticum XII 1,2

Cum complicarem hanc epistulam, noctuabundus ad me venit cum epistula tua tabellarius; qua lecta de Atticae febricula scilicet valde dolui.

3.2 Plinius, Epistulae II 12,6

Implevi promissum priorisque epistulae fidem exsolvi, quam ex spatio temporis iam recepisse te colligo – nam et festinanti et diligenti tabellario dedi –, nisi quid impedimenti in via passus est.
Tuae nunc partes, ut primum illam, deinde hanc remunereris litteris, quales istinc redire uberrimae possunt. Vale.

3.3 Ad Quintum fratrem III 1,23

Quod multos dies epistulam in manibus habui propter com-morationem tabellariorum, ideo multa coniecta sunt aliud alio tempore ...

3.1 1 **complicare**: zusammen-/ineinander falten (vgl. dt. „kompliziert“) – **noctuabundus**: zur Nachtzeit (reisend) – 2 **tabellarius**: Kurier, Briefbote – **febricula**: Fieberanfall, leichtes Fieber – **scilicet**: natürlich

3.2 1 **promissum** < *promittere* – **fidem exsolvere**: sein Wort einlösen – **ex** (hier kausal!): wegen – **colligere** (hier): vermuten – 2 **tabellarius festinans et diligens**: ein zuverlässiger Eilbote – 3 **(ali-)quid impedimenti**: irgendein Hindernis, Behinderung – 4 **tuae nunc partes**: es liegt nun an dir – **remunerari**: ‚dankend erwidern‘ – 5 **istinc**: von ebendort (= von dir) – **uber, -eris** (hier): ausführlich, mit reichen Inhalt

3.3 1 **commoratio**: Verzögerung – 2 **tabellarius**: Briefbote – **ideo**: deshalb – **conicere**: zusammen (in denselben Brief) geraten/kommen – **aliud alio tempore**: zu unterschiedlichen Zeiten

T 4 Verzögerung, Risiko und Verlust von Briefen

4.1 Ad Quintum fratrem II 13,1

Duas adhuc a te accepi epistulas, quarum alteram in ipso discessu nostro, alteram Arimino datam. Plures, quas scribis te dedisse, non acceperam.

4.2 Ad Atticum II 13,1

Facinus indignum: epistulam *authoreí* tibi a Tribus Tabernis rescriptam ad tuas epistulas... neminem reddidisse. At scito eum fasciculum, quo illam (epistulam) conieceram, domum eo ipso die latum esse, quo ego dederam, et ad me in Formianum relatum esse. Itaque... iussi referri.

4.3 Ad Quintum fratrem I 1,1

Etsi non dubitabam, quin hanc epistulam multi nuntii, fama denique esset ipsa sua celeritate superatura tuque ante ab aliis auditurus esses annum tertium accessisse desiderio nostro et labori tuo, tamen existimavi a me quoque tibi huius molestiae nuntium perferri oportere.

T 5 Schreiben oder Diktieren?

5.1 Ad Quintum fratrem II 2

Non occupatione, qua eram sane impeditus, sed parva lippitudine adductus sum, ut dictarem hanc epistulam et non, ut ad te soleo, ipse scriberem.

5.2 Ad Quintum fratrem II 16,1

Cum a me litteras librarii manu acceperis, ne paulum (quidem) me otii habuisse iudicato, cum autem mea (manu) paulum!

4.1 1 **discessus** < *discedere* – 2 **Ariminum**: (jetzt) Rimini – **dare epistulam** (m. Abl.): einen Brief aufgeben (in) – **acceperam**: zum Tempus s. 3.2.3 auf S.9

4.2 1 **facinus indignum** (Akk.d.Ausrufs) – **authoreí**: zur selben Stunde, sofort – **Tres Tabernae**: Station an der *Via Appia* – 2 Ⓚ der A.c.I. *epistulam... neminem reddidisse* ist vom Akkusativ des Ausrufs abhängig! – **scito**: du musst/sollst wissen – **fasciculus**: (Brief-)Bündel (für den Briefboten) – 3 **conicere**: mit hineinwerfen/-geben – (*epistulam*) **dare**: einen Brief aufgeben/schicken – 4 **Formianum**: Landgut Ciceros in Latium – **referre** (hier): ein zweites Mal aufgeben

4.3 2/3 **annus tertius accedit** (mit Dat.): etwas verlängert sich um ein Jahr – 4 **molestia** < *molestus* (hier): Verdruss, Ärger

5.1 1 **occupatio** < *occupatum esse* – **lippitudo**: Augenentzündung

5.2 1 **librarius**: Schreiber, Sekretär – 2 **...iudicato!**: Fass das so auf...!

T 6 Intimität und Vertraulichkeit, Grundhaltung und Wirkungsabsicht

6.1 Ad Quintum fratrem II 15,2

Verum attende (animum) nunc, mi optime et suavissime frater, ad ea dum rescribo, quae tu in hac eadem brevi epistula *pragmatikós* valde scripsisti. De quo petis, ut ad te nihil occultans, nihil dissimulans, nihil tibi indulgens ingenue fraterneque rescribam.

Porträtbüste Ciceros, um 40 v. Chr., Rom, Kapitolinische Museen, Stanza dei Filosofi

6.2 Ad Quintum fratrem III 6,2

Etiam illud te admoneo, ne quid ullis litteris committas, quod, si prolatum sit, moleste feramus. Multa sunt, quae ego nescire malo quam cum aliquo periculo fieri certior. Plura ad te vacuo animo scribam, cum, ut spero, se Cicero meus belle habebit.

6.3 Plinius, Epistulae VIII 19,2

Est autem mihi moris, quod sum daturus in manus hominum, ante amicorum iudicio examinare, imprimis tuo.

6.4 Ad familiares II 4,1

Epistularum genera multa esse non ignoras, sed unum illud certissimum, cuius causa inventa res ipsa est, *ut certiores faceremus absentes*, si quid esset , quod eos scire aut nostra aut ipsorum interesset ... (Forts. S. 19)

6.1 1 **attendere** (*animum*): aufpassen, aufmerken – 4 **pragmatikós** (griech.): sachlich, vernünftig – 5 **nihil dissimulare**: kein Blatt vor den Mund nehmen – 6 **ingenue** (Adv.): (hier) offen – **fraterne** < *frater*

6.2 1 **proferri** (hier): an die Öffentlichkeit kommen – 2 **moleste ferre alqd**: Ärger haben mit etwas – 3 **vacuo animo** (hier): mit unbeschwertem Sinn – 4 **alqs belle se habet**: es geht einem gut

6.3 1 **est mihi moris**: ich habe die Gewohnheit – **in manus hominum dare alqd**: etwas veröffentlichen – **ante** (hier Adv.): vorher – 2 **examinare**: prüfen

6.4 1 **multa** (hier): mehrere (auf *unum* Z.1 und *duo* Z.4 bezogen) – 2 **causa** (hier Präpos.) – Ⓚ *si quid esset, quod...*: Ordnen Sie *(ali)quid, quod aut nostra aut ipsorum interesset eos scire*

6.4 (Fortsetzung von S.18)

Reliqua sunt epistularum genera *duo*, quae me magnopere delectant, *unum familiare et iocosum, alterum severum et grave*. Utro me minus deceat uti, non intellego.

6.5

Ad Atticum I 18,1

Nihil mihi nunc scito tam deesse quam *hominem eum, quocum omnia, quae me cura aliqua adficiunt una communicem, qui me amet, qui sapiat, quicum ego, cum loquar, nihil fingam, nihil dissimulem, nihil obtegam*. Abest enim frater... amantissimus...

Tu autem, qui saepissime curam et angorem animi mei sermone et consilio leva(vi)sti tuo, qui mihi et in publica re socius et in privatis omnibus conscius et omnium meorum sermonum et consiliorum particeps esse soles, ubinam es? Ita sum ab omnibus destitutus, ut tantum requietis habeam, quantum cum uxore et filiola et mellito Cicerone consumitur...

T 7 Echter persönlicher oder redigierter, für die Öffentlichkeit bestimmter Brief?

Plinius, Epistulae I 1

C. Plinius Septicio suo s.

Frequenter hortatus es, ut epistulas, si quas paulo curatius scripsissem, colligerem publicaremque. Collegi non servato temporis ordine (neque enim historiam componebam), sed ut quaeque in manus venerat. Superest, ut nec te consilii nec me paeniteat obsequii. Ita enim fiet, ut eas, quae adhuc neglectae iacent, requiram et, si quas addidero, non supprimam. Vale.

6.4 5 **iocosus** < *iocus* – Ⓚ Verbinden Sie *utro... uti!*

6.5 1/2 **communicare alqd cum alqo**: mit jmd. etwas besprechen – 2 **sapere** *(sapio)*: Verstand haben – 3 **dissimulare**: verbergen – **obtegere**: verschleiern – 5 **angor**: Angst – 6 **in publica re socius... in privatis... conscius**: bei der öffentlichen Tätigkeit mein Partner... in Privatangelegenheiten mein Vertrauter – 9 **mellitus**: (honig-)süß, allerliebst

T 7 1 **curatus**: sorgfältig – 1/2 **colligere et publicare**: zusammengefasst veröffentlichen – **temporis ordinem non servare**: ohne auf die Abfassungszeit zu achten – 3 **superest,ut...**: bleibt noch übrig, dass... – 4 **obsequium** < *ob-sequi* – 5 **requirere**: heraussuchen – **addere** (hier): neue dazu schreiben – **non supprimere** (hier): nicht unterschlagen

I AUFGABEN ZUR INTERPRETATION: T 1–7

T 1/2 Benennen Sie noch einmal alle Materialien, auf denen, bzw. mit denen Briefe oder andere Mitteilungen abgefasst wurden! Welche davon sind bis in unsere Zeit gleich oder ähnlich geblieben?

T 3 a) Von welcher Beförderungsweise können wir nach Aussage der Brief-Texte und Auswertung der Abbildungen ausgehen?
Welche Probleme ergeben sich beim Transport von Briefen (3.1 bis 3.3) ?
b) Welche Redefiguren sind Ihnen in T 1–T 3 begegnet (Vergleichen Sie dazu 3.1, S. 9)

T 4 a) Messen Sie auf der Karte (S. 104) die Distanzen ab, über die hinweg Briefe geschrieben und zugestellt werden! Welche Konsequenzen ziehen die Briefschreiber daraus? (Beachten Sie dazu den häufig verwendeten Plural *epistulas* und den Ausdruck *fasciculus*.)
b) Zitieren Sie aus den Texten von T 4 die Stellen, welche das Risiko des Briefverlusts in der Antike verdeutlichen!

T 5 Welche Gründe gibt Cicero in T 5.1 und T 5.2 dafür an, dass er gelegentlich Briefe nicht selbst schreibt, sondern seinem Sekretär, meist einem Sklaven, diktiert?

T 6.1/2 a) Mit welchen Formulierungen ist in T 6.1 die Grundhaltung des Schreibers im Brief als persönlich-vertrauliche Mitteilung gekennzeichnet?
b) Welche gefährlichen Möglichkeiten und Folgen der Verletzung des ‚Briefgeheimnisses‘ nennt Cicero in T 6.2?

T 6.4 In 6.4 wird fast schon in Definitionsform einer der Zwecke genannt, welche für einen Menschen Anlass sind einen Brief zu schreiben. Wie lautet er? Welche Briefformen oder -partner differenziert Cicero im zweiten Abschnitt dieses Briefauszugs?

T 6.5 a) Welches Grundbedürfnis des Menschen nennt Cicero im ersten Abschnitt von T 6.5, das zugleich wieder den Wunsch des Menschen nach brieflicher Partnerschaft und brieflichem Austausch verdeutlicht und erklärt? Benennen Sie die Eigenschaften, die diesem Wunschbild zugrunde gelegt sind!
b) Welche Art von Briefpartner beschreibt Cicero im zweiten Abschnitt dieses Textes und stellt ihn als wertvolles Pendant vor Augen?

T 7 Vergleichen Sie die Aussagen Ciceros in T 6.5 mit denen des Plinius in T 7!
a) Aus welchem Anliegen heraus schreibt Cicero seine Briefe?
b) Welches ganz andere Ziel wird aus den Darlegungen des Plinius deutlich?
c) Welche Auswirkungen hat der jeweilige Brief-Zweck auf Form und Sprache der Briefe? Bewerten Sie in T 6.4/5 und T 7 jeweils die Intimität und den persönlichen Charakter und versuchen Sie, Ihre Wertung mit konkreten Formulierungen zu belegen!

Cicero klagt Catilina vor dem Senat an. Fresco von Cesare Maccari aus dem 19. Jh. im Palazzo Madama in Rom

II Der Brief als familiäre, persönlich-vertrauliche Mitteilung

Cicero – Catilina – Clodius
Nachdem Cicero die „catilinarische Verschwörung" aufgedeckt, dank Catos Hilfe im Senat eine Verurteilung erreicht und Catilina trotz Caesars Bedenken ohne Gerichtsverhandlung hatte hinrichten lassen, nützte sein Intimfeind Clodius, gegen den er in einem Prozess wegen frevlerischen Besuchs eines Frauenfests zu Ehren der Bona Dea ausgesagt und dessen Alibi erschüttert hatte, die Chance seiner Wahl zum Volkstribun für das Jahr 58 und ging gegen Cicero rechtlich vor. Er nahm ein altes Gesetz wieder auf, das denjenigen mit Verbannung bedrohte, der die Hinrichtung eines römischen Bürgers ohne ein korrektes Gerichtsverfahren verursachte. Das aber hatte Cicero im Verfahren gegen die Catilinarier getan und wurde dafür in einem weiteren von Clodius veranlassten Gesetz namentlich geächtet.

T 1 Die Verbannung

Ad familiares XIV 4, 1ff

1.1 Cicero klagt sein Leid der Familie

Tullius s. d. Terentiae et Tulliae et Ciceroni suis
Ego minus saepe do ad vos litteras, quam possum, propterea quod, cum omnia mihi tempora sunt misera, tum vero, cum aut scribo ad vos aut vestras (litteras) lego, conficior lacrimis sic, ut ferre non possim.
Quod utinam minus vitae cupidi fuissemus! Certe nihil aut non multum in vita mali vidissemus.

1.1 Ü zu **s.d.** ↗ 2.4, S. 8 – **Ciceroni** = *filio suo* – 2 Ⓚ *cum... tum vero, cum...*: sowohl ... als insbesondere, wenn... – 3 **confici lacrimis**: zum Weinen gebracht werden – 4 **Quod**: im Dt. nicht zu übersetzen! – Ⓚ Verbinden Sie *nihil... mali* und *non multum mali!*

Im März 58 musste Cicero fluchtartig Rom und Italien verlassen (s. auch Cicero-Vita S. 5) Sein Haus auf dem Palatin und sein Landgut Tusculum wurden geplündert, seine Frau Terentia fand im Vesta-Tempel Zuflucht. Der obige Kartenausschnitt zeigt den Bereich von Brundisium bis Cyzicus am Marmara-Meer.

1.2 Was bleibt mir noch übrig?

Quod si nos ad aliquam alicuius commodi aliquando recuperandi spem fortuna reservavit, minus est erratum a nobis; si haec mala fixa sunt, ego vero te quam primum, mea vita, cupio videre et in tuo complexu emori, quoniam neque di, quos tu castissime coluisti, neque homines, quibus ego semper servivi, nobis gratiam rettulerunt.
Nos Brundisii apud M. Laenium Flaccum dies XIII fuimus, virum optimum, qui periculum fortunarum et capitis sui prae mea salute neglexit neque legis improbissimae poena deductus est, quominus hospitii et amicitiae ius officiumque praestaret. Huic utinam aliquando gratiam referre possimus! O me perditum, o afflictum! Quid nunc? Rogem te, ut venias, mulierem aegram et corpore et animo confectam? Non rogem? Sine te igitur sim? Opinor, sic agam: si est spes nostri reditus, eam confirmes et rem adiuves; sin, ut ego metuo, transactum est, quoquo modo potes, ad me fac venias! Unum hoc scito: si te habebo, non mihi videbor plane perisse.

1.2 1 **Quod si**: wenn aber – Ⓚ Ordnen Sie: *Si... fortuna nos ad aliquam spem alicuius commodi recuperandi reservavit* – 2 **minus est erratum**: Cicero meint damit, dass die Flucht aus Rom richtig war – 3 **mea vita**: Vokativ als Anrede an seine Frau – **complexus** < *complecti* – 4 **castus**: rein, makellos – 6 **Brundisium**: s. Karte – **M.Laenius Flaccus**: Gastgeber Ciceros – 7 **fortunae**: Vermögen – **prae mea salute**: für mein Wohl – 8 **deductus est, quominus**: er ließ sich davon abbringen dass... – **hospitii et amicitiae ius officiumque**: Gastrecht und Freundschaftsdienst – 10 **me perditum.../afflictum**: Akk. d. Ausrufs – **affligere** (hier): deprimieren, entmutigen – 11 **conficere**: aufreiben – 12 **confirmare** (hier): festigen, bestätigen – 13 **sin**: wenn aber – **transigere**: abschließen, aushandeln – 14 **scito**: du sollst wissen – **plane**: völlig

Die Abbildung zeigt ein römisches Ehepaar auf dem Deckel eines Sarkophags, 2. Jh. n. Chr. (Rom, Vatikanische Museen)

1.3 Und dann die Sorge um Frau und Kinder

Sed quid Tulliola mea fiet?... Mihi deest consilium... Quid? Cicero meus quid aget? Iste vero sit in sinu semper et complexu meo! Non queo plura iam scribere; impedit maeror.

Tu (Terentia) quid egeris, nescio, utrum aliquid teneas an, quod metuo, plane sis spoliata ...

Tu quod me hortaris, ut animo sim magno et spem habeam recuperandae salutis, id velim sit eius modi, ut recte sperare possimus...

Quod reliquum est, sustenta te, mea Terentia, ut potes honestissime. Viximus, floruimus; non vitium nostrum, sed virtus nostra nos afflixit; peccatum est nullum, nisi quod non una animam cum ornamentis amisimus. Sed si hoc fuit liberis nostris gratius, nos vivere, cetera, quamquam ferenda non sunt, feramus. Atque ego, qui te confirmo, ipse me non possum.

1.3 1 **Quid... fiet**: Was wird werden aus...? – **Tulliola**: (liebevolle) Verkleinerung (↗ 3.3, S. 10) – **Cicero meus**: Ciceros Sohn – 2 **sinus** (hier): Schoß – **complexus, -us** < *complecti* – **queo**: ich kann – 3 **maeror** < *maerere* – 4 **teneas aliquid**: Ergänzen Sie *fortunarum* oder *possessionum* – 5 **plane**: völlig – 6 **recuperare**: wieder gewinnen – 8 **se sustentare** (hier): sich (aufrecht)halten – 10 **una cum**: zusammen mit – **anima** (hier): Leben – **ornamenta** (hier): Ehre, Auszeichnungen

Das Goldglas-Porträt aus dem 4. Jh. n. Chr zeigt eine Mutter mit ihren beiden Kindern (Brescia, Museo Civico)

T 2 Der Verbannte sucht Trost bei seinem Bruder

Ad Quintum fratrem I 3,2–3

Nam quod ad te pueri sine litteris venerunt – quoniam vides non fuisse iracundiae causa –, certe pigritia fuit et quaedam infinita vis lacrimarum et dolorum. Haec ipsa me quo fletu putas scripsisse? Eodem, quo te legere certo scio. An ego possum aut non cogitare aliquando de te aut umquam sine lacrimis cogitare? Cum enim te desidero, fratrem solum desidero? Ego vero suavitate fratrem, (aetate) prope aequalem, obsequio filium, consilio parentem (desidero). Quid mihi sine te umquam aut tibi sine me iucundum fuit?

(Forts. nächste Seite)

T 2 1 **pueri** (hier): (Brief-)Boten – **quoniam vides** (in Klammern): du siehst ja – 2 **pigritia** (hier): träge Erschöpfung – **infinita** < *finis* – 3 **haec ipsa**: dieses Schreiben hier – **fletus** < *flere* – **eodem**: erg. Sie *fletu* – 6 **suavitate**: gemessen an/wegen seiner Liebenswürdigkeit – **obsequium** (hier): Hingabe, Verehrung

T 2 (Fortsetzung von S. 24)

Quid, quod eodem tempore desidero filiam? (Quae,) qua pietate, qua modestia, quo ingenio (est)? (Quid,) quod filium venustissimum mihique dulcissimum (desidero), quem ego ferus ac ferreus e complexu dimisi meo sapientiorem puerum, quam vellem. Sentiebat enim, miser iam, quid ageretur...
Quid, quod mulierem miserrimam, fidelissimam coniugem, me prosequi non sum passus, ut esset, quae reliquias communis calamitatis, communes liberos tueretur?

T 3 Gegenüber Atticus äußert Cicero Selbstmordgedanken

Ad Atticum III 4,1

Miseriae nostrae potius velim quam inconstantiae tribuas, quod a Vibone, quo te arcessebamus, subito discessimus. Adlata est enim nobis rogatio de pernicie mea; in qua (id), quod correctum esse audieramus, erat eius modi, ut mihi ultra quadringenta milia (passuum) liceret esse, illuc pervenire non liceret.
Statim iter Brundisium versus contuli ante diem rogationis, ne et Sicca, apud quem eram, periret et quod Melitae esse non licebat.
Nunc tu propera, ut nos consequare, si modo recipiemur. Adhuc invitamur benigne, sed, quod superest, timemus.
Me, mi Pomponi, valde paenitet vivere; qua in re apud me tu plurimum valuisti.
Sed haec coram. Fac modo, ut venias!

T 2 8 **quid, quod**: wie belastet es mich, dass... – **(Quae,) qua...**: Sie, die... – 9 **(Quid,) quod...**: s. Z.8 – **venustus**: reizend, anmutig – 10 **complexus** < *complecti* – 14/15 Ⓚ *ut esset, quae... tueretur*: finales *ut* mit konsekutivem Relativsatz

T 3 1 **inconstantia** < *constans* – **tribuere** (hier): zurechnen – **Vibo** (auch *Hipponeum*): Stadt an der Nordseite der Stiefelspitze Italiens (↗ Karte S. 104) – 2 **rogatio**: Gesetzesvorlage (die Verbannung betreffend) – 3 **corrigere** (hier): verändern, umwandeln – 4 **liceret** (ultra) **esse... pervenire non liceret**: man will Cicero ausschalten und ihn nicht dorthin gelangen lassen, wo er sich eigentlich in der Verbannung aufhalten soll – 6 **iter Brundisium conferre**: sich auf den Weg nach Brindisi (↗ Karte S. 22) machen – **Sicca**: Vertrauter Ciceros aus seiner Konsulatszeit – 7 **perire**: wer einen Geächteten aufnahm, verfiel selbst der Acht – **Melita:** ↗ Karte S. 104 (Malta) – 9 **benigne**: mit Wohlwollen – 10 **qua in re**: bezieht sich auf die Selbstmordabsichten Ciceros – 12 **coram**: im persönlichen Gespräch

Zwei spielende Mädchen, Tonskulpturen aus Capua, um 300 v. Chr., British Museum, London

T 4 Plinius sorgt sich um seine erkrankte Frau

Plinius, Epistulae VI 4

C. Plinius Calpurniae suae s.

Numquam sum magis de occupationibus meis questus, quae me non sunt passae aut proficiscentem te valetudinis causa in Campaniam prosequi aut profectam e vestigio subsequi. Nunc enim praecipue simul esse cupiebam, ut oculis meis crederem, quid viribus, quid corpusculo apparares, ecquid denique secessus voluptates regionisque abundantiam inoffensa transmitteres. Equidem etiam fortem te non sine cura desiderarem; est enim suspensum et anxium de eo, quem ardentissime diligas, interdum nihil scire. Nunc vero me cum absentiae tum infirmitatis tuae ratio incerta et varia sollicitudine exterret. Vereor omnia, imaginor omnia, quaeque natura metuentium est, ea maxime mihi, quae maxime abominor, fingo.

Quo impensius rogo, ut timori meo cottidie singulis vel etiam binis epistulis consulas. Ero enim securior, dum lego, statimque timebo, cum legero. Vale.

T 4 1 **occupationes**: Arbeitsbelastung – 3 **e vestigio**: sofort – **simul** (hier): zusammen (bei dir) – 4 **corpusculum**: zarter Körper – **apparare** (mit Dat.): etwas (für etwas) tun – **ecquid**: ob (du) wohl – 5 **secessus** < *secedere* – **abundantia**: Überfluss – **inoffensus**: unbeschadet – **transmittere**: überstehen – 6 **fortis** (hier): kräftig, in gesundem Zutand – **suspensum et anxium est**: es versetzt in ängstliche Spannung – 7 **ardentissime diligere**: besonders glühend lieben – 8 **infirmitas**: gesundheitliche Anfälligkeit – **ratio** (hier m. Gen.): die Tatsache – **sollicitudo**: Aufgeregtheit – 9 **imaginari**: sich einbilden – 10 **abominari**: verwünschen, nicht wissen wollen – 11 **impensus** (hier): heftig, drängend – **bini**: je zwei

II Aufgaben zur Interpretation: T 1–4

T 1.1 a) Ziehen Sie alle affektgebundenen Formulierungen aus dem ersten Textabschnitt heraus! Inwiefern wird deutlich, dass es sich wirklich um persönliche Aussagen handelt, die nicht für die Öffentlichkeit bestimmt sind?
b) Bestimmen Sie die Funktion der Konjunktive im zweiten Abschnitt! Welche Selbsterkenntnis Ciceros wird aus Form und Inhalt ersichtlich?

T 1.2 Wie sieht Cicero in den Zeilen 1–5 dieses Textes seine Situation?
Bestimmen Sie die Modi und ihre syntaktische Funktion bei den Verben in den Zeilen 9–14! Welche Rückschlüsse auf Wesen und Verhalten Ciceros lassen sich aus diesen Formulierungen ziehen?
Wo lässt sich in T 1.2 eine Übereinstimmung zwischen Gehalt und Gestaltung erkennen? Welche Wirkungsabsicht steht z.B. hinter der Redefigur *aliquam alicuius... aliquando?*

T 1.3 a) Wie muss der Ausdruck *plane sis spoliata* in Zeile 5 von T 1.3 verstanden werden (Beachten Sie zur Lage seiner Frau Terentia die Bildunterschrift auf S. 22)?
b) Wie beurteilen Sie Ciceros Aussagen in den Zeilen 6–12 dieses Texts?
Mit welchen Feststellungen versucht er sich – soweit dies für ihn möglich ist – über seine Situation hinwegzutrösten (Z.8 ff.)?

T 2 a) Betrachten Sie die beiden Abbildungen auf S. 23 f.! Welchen Eindruck will der Schöpfer der Sarkophag-Plastik von der Ehe des abgebildeten Paares, welchen der Fertiger des Goldglasportraits erwecken? Inwieweit entspricht dieser Eindruck der Realität im römischen Alltag?
b) Bilden Sie Arbeitsgruppen und behandeln Sie diese Fragen anhand der einschlägigen Artikel (Hausgemeinschaft, Ehe/Matrimonium, Familie, Frau) in einer Real-Enzyklopädie (z.B. Lexikon der Alten Welt) Ihrer Studienbücherei.
c) Arbeiten Sie in diesem Zusammenhang auch die Stellung der Frau in Rom heraus!

T 3 a) Wie wird Ciceros äußere Situation in T 3 mit den Formulierungen *rogatio de pernicie mea – statim iter Brundisium versus contuli, ne et Sicca ... periret – si modo recipiemur – adhuc invitamur benigne, sed quod superest timemus* beschrieben?
b) Welches Gesamtbild des Menschen Cicero gewinnen Sie aus der Lektüre der Texte in Einheit II? Wie fällt der Vergleich dieses Eindrucks mit den Fakten aus, die Sie aus den bisher über Cicero gelesenen Texten und aus dem Geschichtsunterricht kennen?
c) Vergleichen Sie nun die gewonnenen Eindrücke mit den kritischen Aussagen über Cicero im Begleittext B 1 von Francesco Petrarca (S. 92 f.)!

T 4 Vergleichen Sie das Verhältnis des Plinius zu seiner Frau, wie es aus T 4 ersichtlich wird, mit dem Brief Ciceros an seine Frau (T 1.1–1.3) und bewerten Sie dazu die Formulierungen *de occupationibus meis questus – simul esse cupiebam – desiderarem – suspensum et anxium – sollicitudine exterret!* Welche innere Verfassung des Plinius verraten die Ausdrücke *imaginor omnia – fingo, quae maxime abominor – ero securior – timebo?*

Unterricht an einer römischen Privat-Schule (Sandstein-Relief aus Neumagen/Mosel, 2. Jh. n. Chr., heute im Rheinischen Landesmuseum, Trier)

III Die Darstellung römischen Lebens in Briefen

T 1 Schul- und Bildungsprobleme

Plinius, Epistulae IV 13

1.1 Warum müssen unsere Kinder auswärts zur Schule gehen?

C. Plinius Cornelio Tacito suo s.

(Te) salvum in urbem venisse gaudeo; venisti autem, si quando alias, nunc maxime mihi desideratus.

Proxime, cum in patria mea fui, venit ad me salutandum municipis mei filius praetextatus. Huic ego „Studes?“, inquam. Respondit: „Etiam.“ „Ubi?“ „Mediolani.“ „Cur non hic?“ Et pater eius (erat enim una atque etiam ipse adduxerat puerum): „Quia nullos hic praeceptores habemus.“ – „Quare nullos? Nam vehementer intererat vestra, qui patres estis“ (et opportune complures patres audiebant), „liberos vestros hic potissimum discere. Ubi enim aut iucundius morarentur quam in patria aut pudicius continerentur quam sub oculis parentium aut minore sumptu quam domi?

1.1 1 **si quando alias**: wenn überhaupt je – 3 **patria** (hier): Heimatstadt – **municeps**: Landsmann, Mitbürger – 4 **praetextatus**: mit der *toga praetexta* bekleidet, also noch unter 16 Jahren – **etiam** (in Antworten): allerdings – 5 **Mediolanum**: Mailand, wo es Grammatiker- wie auch Rhetoren-Schulen nach griech.Vorbild gab; auch Vergil wurde z.B. dort ausgebildet – **una** (hier): mit dabei – 6 **praeceptor**: Lehrer – 7 **opportune**: günstigerweise – 9 **pudicus**: sittsam – **pudicius continere**: in besserer Zucht halten – 10 **sumptus**: Aufwand

1.2 Die Eltern müssen in Verantwortung genommen werden

Quantulum est ergo collata pecunia conducere praeceptores, quodque nunc in habitationes, in viatica, in ea, quae peregre emuntur (omnia autem peregre emuntur), impenditis, adicere mercedibus?
Atque adeo ego, qui nondum liberos habeo, paratus sum pro re publica nostra, quasi pro filia vel parente, tertiam partem eius, quod conferre vobis placebit, dare. Totum etiam pollicerer, nisi timerem, ne hoc munus meum quandoque ambitu corrumperetur, ut accidere multis in locis video, in quibus praeceptores publice conducuntur.
Huic vitio occurri uno remedio potest, si parentibus solis ius conducendi relinquatur isdemque religio recte iudicandi necessitate collationis addatur. Nam qui fortasse de alieno neglegentes, certe de suo diligentes erunt dabuntque operam, ne eam pecuniam non nisi dignus accipiat, si accepturus et ab ipsis erit.
Proinde consentite, conspirate maioremque animum ex meo sumite, qui cupio esse quam plurimum, quod debeam conferre. Nihil honestius praestare liberis vestris, nihil gratius patriae potestis.
Educentur hic, qui hic nascuntur, statimque ab infantia natale solum amare, frequentare consuescant.
Atque utinam tam claros praeceptores inducatis, ut in finitimis oppidis studia hinc petantur, utque nunc liberi verstri aliena in loca, ita mox alieni in hunc locum confluant!“

Ein Vater fragt seinen Sohn die gelernte Lektion ab, Grabstein eines römischen Knaben aus dem 3. Jh. n. Chr.

1.2 1 **quantulum est**: welche Kleinigkeit wäre es – **conducere**: anwerben, anstellen – 2 **habitatio** < *habitare* – **viaticum**: Reise-/Wegegeld – **peregre**: auswärts, in der Fremde – 3 **impendere**: aufwenden – **adicere** *(mercedibus)* (hier): zulegen, beisteuern (zum Gehalt) – 6 **munus** (hier): Spende – 7 **quandoque**: irgendeinmal – **ambitus** (hier): Amtsmissbrauch – **corrumpere** (hier): falsch verwenden – 9 **ius conducendi**: das Recht zur Anstellung – 10 **relinquere** (hier): überlassen – **religio** (hier): Verpflichtung – **necessitas collationis**: Zwang zur Zahlung eines Beitrags – 14 **conspirare**: zusammenwirken – **animum sumere**: Mut fassen – 18 **ab infantia**: von Kindheit an – 19 **natale solum**: Heimatboden – **frequentare** (hier): bewohnen – 22 **inducere** (hier): gewinnen – 23 **studia petere**: ein Studium anstreben

Römische Schule: ein Schüler wird von seinem Lehrer vor der Klasse mit dem Stock gezüchtigt (Wandgemälde aus Herculaneum, 1.Jh. n. Chr.; eine Nachzeichnung des Gemäldes befindet sich zur Verdeutlichung auf der nächsten Seite.)

1.3 Wir brauchen Idealisten als Lehrer

Haec putavi altius et quasi a fonte repetenda, quo magis scires, quam gratum mihi foret, si susciperes, quod iniungo. Iniungo autem et pro rei magnitudine rogo, ut ex copia studiosorum, quae ad te ex admiratione ingenii tui convenit, circumspicias praeceptores, quos sollicitare possimus, sub ea tamen condicione, ne cui fidem meam obstringam. Omnia enim libera parentibus servo: illi iudicent, illi eligant, ego mihi curam tantum et impendium vindico.

Proinde, si quis fuerit repertus, qui ingenio suo fidat, eat illuc ea lege, ut hinc nihil aliud certum quam fiduciam suam ferat. Vale.

1.3 1 **altius repetere**: weiter ausholen – **a fonte**: von Grund auf – 2 **iniungere**: einbringen, auferlegen – 2/3 **magnitudo rei**: die Bedeutung der Angelegenheit – **studiosus**: Student – 4 **circumspicere alqm**: Ausschau halten nach jmd. – **sollicitare**: „heiß machen", das Interesse jmds gewinnen – 5 **fidem obstringere alicui**: jmd. eine Zusage machen, jmd. im Wort stehen – **libera servare** (hier): zur freien Entscheidung überlassen – 6 **impendium**: Kosten – 7 **sibi vindicare**: für sich beanspruchen – 8 **fidere** ~ *confidere* – **illuc**: dorthin – **ea lege** ~ *ea condicione* – 9 **fiducia**: Selbstvertrauen, zuversichtlicher Glaube – **ferre** (hier): mitnehmen

T 2 Stress und Nichtigkeit der Alltagsgeschäfte

Plinius, Epistulae I 9

C. Plinius Minicio Fundano suo s.

Mirum est, quam singulis diebus in urbe ratio aut constet aut constare videatur, pluribus iunctisque non constet. Nam, si quem interroges „Hodie quid egisti?“, respondeat: „Officio togae virilis interfui, sponsalia aut nuptias frequentavi, ille me ad signandum testamentum, ille in advocationem, ille in consilium rogavit.“

Haec, quo die feceris, necessaria, eadem, si cottidie fecisse te reputes, inania videntur, multo magis, cum secesseris. Tunc enim subit recordatio: „Quot dies quam frigidis rebus absumpsi!“ Quod evenit mihi, postquam in Laurentino meo aut lego aliquid aut scribo aut etiam corpori vaco, cuius fulturis animus sustinetur.

Nihil audio, quod audisse, nihil dico quod dixisse paeniteat; nemo apud me quemquam sinistris sermonibus carpit, neminem ipse reprehendo, nisi tamen me, cum parum commode scribo; nulla spe, nullo timore sollicitor, nullis rumoribus inquietor: mecum tantum et libellis loquor.

O rectam, sinceramque vitam! O dulce otium honestumque ac paene omni negotio pulchrius! ... Proinde tu quoque strepitum istum inanemque discursum et ineptos labores, ut primum fuerit occasio, relinque teque studiis vel otio trade!

Satius est enim otiosum esse quam nihil agere. Vale.

T 2 Ü **Minicius Fundanus**: Konsul 107 n.Chr. – 1 **ratio constat**: ‚die Rechnung geht auf‘; ich bin zufrieden – 3 **officium** (hier): offizielle Feier, Zeremonie – **toga virilis**: bei einer festlichen Zeremonie vertauschten die Sechzehnjährigen die *toga praetexta* mit der *toga virilis* und wurden damit sozusagen für mündig erklärt – **sponsalia**: Verlobung – 4 **signare**: unterzeichnen – **advocatio**: die Übernahme eines Prozesses (vor Gericht) – 5 **consilium**: Beratung, Gutachten – 6 **reputare**: bedenken – 7 **secedere** (hier): sich aufs Land zurückziehen – **recordatio subit**: die Erinnerung lässt den Gedanken aufkommen – 8 **frigidus** (hier): unwichtig (vgl. dt. „kalt lassen“) – **absumere** ~ *consumere* – **Laurentinum**: Landgut des Plinius (↗ Karte und Abb. S. 37) – 9 **corpori vacare**: sich für die Erholung des Körpers freimachen – **fultura**: Stütze, Stärkung – 12 **sinistris sermonibus** *(alqm.)* **carpere**: jmd. mit ungeschickten Reden zusetzen – 14 **inquietare**: beunruhigen – 15 **o rectam...**: Akkusative des Ausrufs – **sincerus**: rein, unverdorben – 18 **strepitus**: Lärm – 19 **discursus**: (Hin- und Herlaufen), Geschäftigkeit – 20 **ineptus**: unbrauchbar, albern – 23 **satius** ~ *melius* – **otiosus** < *otium*

III AUFGABEN ZUR INTERPRETATION: T 1– 2

T 1 a) Welche Besonderheiten des römischen Schulwesens können Sie den beiden Abbildungen auf S. 28, 29 und 30 entnehmen?
b) Bilden Sie Arbeitsgruppen und informieren Sie sich mit Hilfe einer Realenzyklopädie Ihrer Studienbibliothek (z.B. Lexikon der Alten Welt) zu den Stichworten ‚Erziehung' und ‚Unterricht'! Geben Sie Ihren Mitschülern in Kurzreferaten einen Überblick über Form, Finanzierung und Trägerschaft der Schulen in Rom!

T 1.1 a) Nennen sie die Probleme, die sich für die Einwohner von Novum Comum bei der Einschulung ihrer Kinder ergeben! Wie weit ist der Schulweg nach Mailand (↗ Karte auf S. 104)?
b) Welche wesentlichen Vorteile für den Schulbesuch junger Menschen am Heimatort nennt Plinius:

- Welches lernpsychologische Problem verbirgt sich hinter dem Ausdruck *Ubi iucundius morarentur?*
- Welche erzieherische Aufgabe wird mit *pudicius continerentur* angesprochen (Moderne Großstadtschulen!)?
- Auf welche ökonomischen Probleme weist Plinius mit dem Ausdruck *ubi... minore sumptu quam domi hin?*

T 1.2 a) Zählen Sie die Rechte und Pflichten auf, die Plinius den Eltern im Schulbereich zuerkennt (z.B. *necessitas collationis*)! Mit welchen Argumenten versucht er die Opferbereitschaft seiner Mitbürger anzuspornen *(quasi pro filia vel parente)*?
c) Versuchen Sie, den in diesem Zusammenhang doch sehr ernst gemeinten Ausdruck *ambitu corrumpi* zu erklären!
b) Welche Wirkungsabsicht verfolgt Plinius mit der Anwendung folgender Redefiguren in den Zeilen 17 f.:

educentur hic, qui hic nascuntur
natale solum amare
frequentare consuescant

T 1.3 a) Versuchen Sie zu erkennen, worauf Plinius mit den Formulierungen
omnia libera parentibus servo
und *ne cui fidem meam obstringam* (Z. 5–6) abzielt?
b) Fassen Sie noch einmal zusammen, was Sie diesem Brief (1.1–1.3) über die römische Schule in der Kaiserzeit entnehmen können!

T 2 a) Welche Tätigkeiten aus seinem Alltag als Bürger und Anwalt zählt Plinius in diesem Brief auf? Welche davon sind dem privaten, welche dem öffentlichen Bereich zuzurechnen? Welche zwei möglichen Bewertungen dieser Tätigkeiten nennt Plinius? Geben Sie die entsprechenden Adjektive an!
b) Welchen mit den *negotia* rivalisierenden Bereich stellt Plinius hier vor ? Vergleichen Sie dazu folgende Stellen aus anderen Briefen:

Epist. VIII 9,1 *adeo multa me negotia nec studere patiuntur*
Epist. VII 7,2 *te negotiis distineri... moleste fero,*
quod servire studiis non potes

Ein Philosoph (Wandgemälde aus Pompeji, 1.Jh. v. Chr.) ▸

T 3 Bewusste Gestaltung des Alters

3.1 Man muss sein Leben richtig ordnen und lenken!

Plinius, Epistulae III 1

C. Plinius Calvisio Rufo suo s.

Nescio, an ullum iucundius tempus exegerim, quam (id) quo nuper apud Spurinnam fui, adeo quidem, ut neminem magis in senectute, si modo senescere datum est, aemulari velim; nihil est enim illo vitae genere distinctius.

Me autem ut certus siderum cursus, ita vita hominum disposita delectat; senum praesertim: nam iuvenes confusa adhuc quaedam et quasi turbata non indecent, senibus placida omnia et ordinata conveniunt, quibus industria sera turpis ambitio est.

Hanc regulam Spurinna constantissime servat; qui etiam parva haec – parva, si non cottidie fiant – ordine quodam et velut orbe circumagit.

Mane lectulo continetur, hora secunda calceos poscit, ambulat milia passuum tria nec minus animum quam corpus exercet; si adsunt amici, honestissimi sermones explicantur; si non, liber legitur, interdum etiam praesentibus amicis, si tamen illi non gravantur. Deinde considit, et liber rursus aut sermo libro potior; mox vehiculum ascendit, adsumit uxorem singularis exempli vel aliquem amicorum, ut me proxime.

3.1 1 **exigere** (hier): verbringen – 2 **adeo quidem**: und zwar bis zu dem Grad – 3 **senescere** < *senectus* – **aemulari**: nachahmen – **distinctus**: geordnet, vernünftig – 4 **dispositus**: geordnet, geplant – 5 **praesertim**: zumal – **confusus**: vgl. dt. „konfus" – 6 **non indecent** = *decent* – **placidus**: friedlich, ruhig – **ordinare**: regeln, ordnen – **convenire alci**: zu jmd. passen – 7 **serus**: spät – 8 **regula**: (Lebens-) Regel – **servare** (hier) einhalten, beachten – 9 **orbe circumagere**: in einem festen Kreislauf vollziehen – 10 **lectulo contineri**: sich im Bett aufhalten – **hora secunda**: etwa 7.00 Uhr – **calceus**: Schuh, Stiefel – 12 **explicari**: sich entwickeln – 13 **gravari**: sich belästigt fühlen – 14 **potior**: wichtiger, angemessener – **vehiculum**: Wagen

Junge Römer beim Ballspiel, Malerei in einem Grab an der Via Portuense in Rom; 2. Jh. n. Chr. (Rom, Nationalmuseum) ▸

3.2 Spurinna kann dabei Vorbild sein

Quam pulchrum illud, quam dulce secretum! Quantum ibi antiquitatis! Quae facta, quos viros audias! Quibus praeceptis imbuare, quamvis ille hoc temperamentum modestiae suae indixerit, ne praecipere videatur.

Peractis septem milibus passuum iterum ambulat mille, iterum residit vel se cubiculo ac stilo reddit. Scribit enim, et quidem utraque lingua, lyrica doctissima; mira illis dulcedo, mira suavitas, mira hilaritas, cuius gratiam cumulat sanctitas scribentis.

Ubi hora balinei nuntiata est – est autem hieme nona, aestate octava – in sole, si caret vento, ambulat nudus. Deinde movetur pila vehementer et diu; nam hoc quoque exercitationis genere pugnat cum senectute. Lotus accubat et paulisper cibum differt; interim audit legentem remissius aliquid et dulcius.

1.2 1 **secretum**: Abgeschiedenheit – **antiquitas**: althergebrachte Überlieferung, althergebrachte Sitten – 2 **imbui praeceptis**: mit Lehren vertraut gemacht werden – 3 **temperamentum**: rechtes Maß – **indicere**: auferlegen – **praecipere** (hier): den Lehrer spielen – 4 **residere**: sich setzen, rasten – 5 **se reddere** (m. Dat.): zurückkommen zu etwas – **stilus** (pars pro toto): Schreibarbeit – **utraque lingua**: in beiden Sprachen (Griechisch und Latein) – **lyrica**: lyrische Gedichte, Oden – 6 **dulcedo** < *dulcis* – **suavitas** < *suavis* – **hilaritas**: Heiterkeit – **cumulare**: vergrößern – 7 **sanctitas**: Ehrwürdigkeit – 8 **balineum**: Bad – **nona hora / octava hora**: ca. 15.00 bzw. 14.00 Uhr – 9 **pila**: Ball – 10 **exercitatio** < *exercere* – **lotus**: gebadet – **accubare**: sich zu Tisch legen/setzen – 11 **paulisper**: ein Weilchen – **differre**: hinauszögern – **remissus**: entspannt, heiter

Silberservice (Wandgemälde im Grab des C. Vestorius Priscus, Pompeji 1. Jh. n. Chr.)

3.3 So möchte ich es auch gerne einmal erleben

Per hoc omne tempus liberum est amicis eadem facere vel alia, si malint. Ap-(=Ad-)ponitur cena non minus nitida quam frugi, in argento puro et antiquo; sunt in usu et Corinthia, quibus delectatur nec afficitur. Frequenter comoedis cena distinguitur, ut voluptates quoque studiis condiantur. Sumit aliquid de nocte et aestate; nemini hoc longum est: tanta comitate convivium trahitur.
Inde illi post septimum et septuagesimum annum aurium oculorum vigor integer, inde agile et vividum corpus solaque ex senectute prudentia.
Hanc ego vitam voto et cogitatione praesumo, ingressurus avidissime, ut primum ratio aetatis receptui canere permiserit. Interim mille laboribus conteror, quorum mihi et solacium et exemplum est idem Spurinna; nam ille quoque, quoad honestum fuit, obiit officia, gessit magistratus, provincias rexit, multoque labore hoc otium meruit...Vale.

3.3 2 **nitidus**: glänzend, köstlich – **frugi**: sparsam, solide – 3 **Corinthia** erg. *vasa*: korinthisches, d.h. kostbares Geschirr – **affici**: an etwas hängen, von etwas abhängen – 4 **comoedus**: Schauspieler – **distinguere** (hier): untermalen – **condire**: würzen – 5 **sumere de nocte**: bis in die Nacht hinein sitzen bleiben – **comitas** (hier): Freundlichkeit, Fröhlichkeit – 7 **vigor**: (Lebens-)Kraft, Energie – 8 **agilis**: rührig, tätig – **vividus**: lebensvoll – 9 **voto et cogitatione praesumere**: im Wünschen und Denken vorwegnehmen – **ingredi** (hier): in Angriff nehmen – 10 **ratio aetatis** (hier): „die Zahl der Jahre" – **receptui canere**: zum Rückzug blasen – 11 **conteri**: aufgerieben werden – 12 **quoad**: solange – **officia obire**: seiner Pflicht nachgehen

Die antike römische Straße nach Ostia (heutiger Zustand)

T 4 Das Landhaus des Plinius

Plinius, Epistulae II 17

4.1 Die Anfahrt zum Laurentinum

C. Plinius Gallo suo s.

Miraris, cur me Laurentinum... meum tanto opere delectet; desines mirari, cum cognoveris gratiam villae, opportunitatem loci, litoris spatium. Decem septem milibus passuum ab urbe secessit, ut peractis (iis), quae agenda fuerint, salvo iam et composito die possis ibi manere.

Aditur non una via; nam et Laurentina et Ostiensis eodem ferunt; sed Laurentina a quarto decimo lapide, Ostiensis ab undecimo relinquenda est. Utrimque excipit iter aliqua ex parte harenosum, iunctis paulo gravius et longius, equo breve et molle. Varia hinc atque inde facies; nam modo occurrentibus silvis via coartatur, modo latissimis pratis diffunditur et patescit.

4.1 1 **Laurentinum**: Landgut bei Laurentum (↗ Karte) – **tanto opere** = *tantopere* – 2 **gratia**: vgl. dt. ‚Grazie' – **opportunitas**: günstige Lage – **spatium**: Raum, Ausdehnung – 3 **secedere**: entfernt sein – 4 **die salvo iam et composito**: wenn das Tagwerk schon gut erledigt ist – 5 **Laurentina/Ostiensis via**: Straße (von Rom) nach Laurentum/Ostia (↗ Karte) – **eodem**: ebendorthin – 6 **lapis** (hier): Meilenstein (von Rom aus im Abstand von je einer Meile (1480 m) aufgestellt – 7 **utrimque**: hier wie dort – **excipere**: sich anschließen – **aliqua ex parte**: teilweise – **harenosus**: sandig – **iuncti** (erg. *equi*): Pferde-/Rindergespann – 8 **facies** (hier): Ausblick, Aussicht – **occurrere**: begegnen, entgegentreten – 9 **coartare**: einengen – **pratum**: Wiese – **diffundi** (hier): sich erweitern – **patescere**: sich öffnen

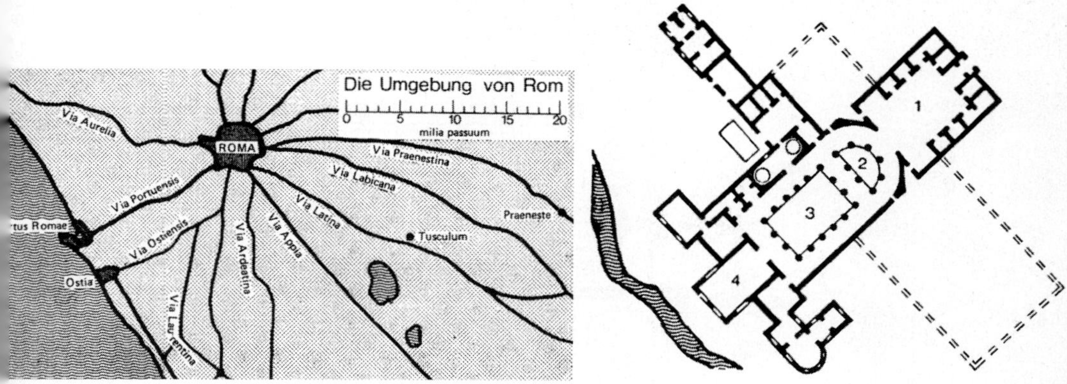

links: Die Umgebung von Rom – rechts: Grundriss des Landhauses (die Ziffern entsprechen denen im Text!)

4.2 Das Landhaus am Meer

Villa usibus capax, non sumptuosa tutela. Cuius in prima parte atrium (1) frugi nec tamen sordidum; deinde porticus (2) in D litterae similitudinem circumactae, quibus parvola, sed festiva area includitur. Egregium hae adversus tempestates receptaculum; nam specularibus ac multo magis imminentibus tectis muniuntur.

Est contra medias cavaedium (3) hilare, mox triclinium (4) satis pulchrum, quod in litus excurrit ac, si quando Africo mare impulsum est, fractis iam et novissimis fluctibus leviter adluitur. Undique valvas aut fenestras non minores valvis habet atque ita a lateribus, a fronte quasi tria maria prospectat; a tergo cavaedium, porticum, aream, porticum rursus, mox atrium, silvas et longinquos respicit montes.

4.2 1 **usus** (hier): Verwendungszwecke – **capax**: geräumig – **sumptuosus**: aufwendig, kostspielig – **tutela** (hier): Unterhalt – 2 **frugi**: wirtschaftlich, schlicht – **sordidus** (hier): ärmlich – **porticus** (hier Pl.): Säulengang/-halle – **in... similitudinem**: in Form von – 3 **festivus**: hübsch, gemütlich – **area** (hier): Hofraum – 4 **receptaculum**: Zufluchtsort – **specularia**: (Fenster-) Scheiben; man verschloss also die Öffnungen in der Mauer mit dünnen, geschnittenen Scheiben aus Marienglas – **imminentibus tectis**: im Dt. Singular! – 6 **contra medias** *(porticus)*: (ihr) gegenüber in der Mitte – **cavaedium**: überdachter Vor-/Empfangsraum *(cavere!)* – **mox** (hier): dann, daran anschließend – **triclinium**: Speisezimmer – 7 **excurrere**: vorspringen (im bautechn. Sinn) – **Africus** *(ventus)*: Süd-(west-)Wind – 8 **adlui**: bespült werden – 9 **valvae**: Türflügel, Doppeltore – **prospectare alqd**: Ausblick gewähren auf etwas – 10 **a tergo... respicit**: es gewährt einen Blick zurück auf

links: Rekonstruktionszeichnung der Villa – rechts: Hypokausten in einer römischen Villa

Im weiteren Verlauf des Briefes beschreibt Plinius seine Villa in allen Einzelheiten: die Planung ist durchdacht, alle Gesichtspunkte sind berücksichtigt. Da gibt es windstille Winkel zum Sonnen; bei der Anlage der einzelnen Räume ist der jeweilige Stand der Sonne ebenso in die Planung einbezogen wie eine gute Aussicht (s. Abbildungen). Unglaublich ist die Vielzahl der Räume für alle möglichen Zwecke: da gibt es ein *gymnasium*, eine Art Tummelplatz für den Freizeitsport, zahlreiche *cubicula*, das sind Wohn- und Schlafzimmer, eine *balinei cella frigidaria*, also ein Bassin zum Kaltbaden, und eine *calida piscina*, ein Warmwasserbecken. Zwei *turres* ermöglichen es, die herrliche Aussicht zu genießen, und natürlich fehlen auch Nebenräume wie eine *apotheca* (Waren- und Wein-Lager), ein *unctorium* (eigener Raum zum Einsalben und Massieren) und ein *horreum* (Scheune) nicht. Dann kommt Plinius auf die umliegende Landschaft zu sprechen:

4.3 Die wunderschöne Umgebung

Et omnino litoris illius mira natura: quocumque loco moveris humum, obvius et paratus umor occurrit, isque sincerus ac ne leviter quidem tanta maris vicinitate corruptus. Suggerunt affatim ligna proximae silvae; ceteras copias Ostiensis colonia ministrat. Frugi quidem homini sufficit etiam vicus, quem una villa discernit. In hoc balinea meritoria tria, magna commoditas, si forte balineum domi vel subitus adventus vel brevior mora calfacere dissuadet.

Litus ornant varietate gratissima nunc continua nunc intermissa tecta villarum, quae praestant multarum urbium faciem, sive mari, sive ipso litore utare; quod non numquam longa tranquillitas mollit, saepius frequens et contrarius fluctus indurat...

4.3 1 **humum movere**: den Boden aufgraben – 2 **umor**: Feuchtigkeit, Flüssigkeit – **sincerus**: rein – 3 **vicinitas** < *vicinus* – **suggerere** (hier): liefern – **affatim**: reichlich – 4 **ministrare** (hier): verschaffen – **frugi**: sparsam – **sufficere**: genügen (vgl. *sufficient*) – 5 **balinea meritoria**: Mietbäder – **commoditas** < *commodus* – 6 **mora**: Aufenthalt – **cal(e)facere**: anheizen – **dissuadere** < *suadere* – 8 **varietas** < *varius* – **nunc continua, nunc intermissa**: bald fortlaufend, bald unterbrochen – 10 **tranquillitas** < *tranquillus* – **mollire/indurare**: „zu einem freundlichen/unangenehmen Aufenthalt machen"

T 5 Cicero betreut die Landgüter seines Bruders, der in Gallien bei Caesar Militärdienst leistet

Ad Quintum fratrem III 1,1–3

5.1 Man muss hinter allem selbst her sein

Marcus Quinto fratri s.

In Arcano a.d. IIII Id. Sept. fui. Ibi Mescidium cum Philoxeno aquamque, quam ii ducebant non longe a villa, belle sane fluentem vidi praesertim maxima siccitate; uberioremque aliquanto sese collecturos esse dicebant. Apud Herium recte erat.

In Maniliano offendi Diphilum Diphilo tardiorem, sed tamen nihil ei restabat praeter balnearia et ambulationem et aviarium. Villa mihi valde placuit, propterea quod summam dignitatem pavimentata porticus habebat, quod mihi nunc denique apparuit, post(ea)quam et ipsa tota patet et columnae politae sunt. Totum in eo est, quod mihi erit curae, tectorium ut concinnum sit. Pavimenta recte fieri videbantur; cameras quasdam non probavi mutarique iussi.

Quo loco in porticu te scribere aiunt, ut atriolum fiat, mihi, ut est, magis placebat. Neque enim satis loci videbatur esse atriolo neque fere solet nisi in iis aedificiis fieri, in quibus est atrium maius, nec habere poterat adiuncta cubicula et eius modi membra. Nunc hoc vel honestae testudinis vel valde boni aestivi locum obtinebit. Tu tamen, si aliter sentis, scribe quam primum!

5.1 1 **Arcanum**: ein Landgut des Quintus Cicero – **a.d. IIII Id. Sept.**: am 10. September – **aquam ducere**: ein Wasserleitung bauen – 2 **belle sane**: sehr schön – 3 **maxima siccitas**: extreme Trockenheit – **uber**: reichlich – **colligere** (hier): aufspüren, zum Fließen bringen – 4 **recte erat**: es war alles in Ordnung – 5 **Manilianum**: ein weiteres Landgut des Quintus Cicero – **offendere** (hier): antreffen – 6 **restare** (hier): zu tun übrig bleiben – **balnearium**: Bad – **ambulatio**: Wandelhalle – **aviarium**: Vogelhaus – 7 **summam dignitatem habere**: sehr edel wirken – **pavimentata porticus**: Säulengang mit Estrich – 8 **apparere** (hier): auffallen – **columna**: Säule – 9 **politus**: geglättet – **totum in eo est**: es kommt alles darauf an – **tectorium**: Stuck – 10 **concinnus**: dazu passend – **pavimentum**: Fußboden – **camera**: Deckengewölbe – 12 **atriolum**: ein kleines Atrium – 13 Ⓚ Ordnen Sie: *neque fere fieri solet nisi…* – 14 **nec habere adiuncta cubicula** (hier): keine Möglichkeit für den Anschluss von Schlafzimmern haben – 15 **membra** (hier): Nebenräume – **testudo** (hier): Deckengewölbe – 16 **aestivus locus**: Sommerfreisitz

Römisches Landgut (Rekonstruktionszeichnung)

5.2 Dein Fufidianum ist schon ein Prachtstück

Ex eo loco recta Vitularia via profecti sumus in Fufidianum fundum, quem tibi proximis nundinis Arpini de Fufidio HS CCCIↃↃↃ CIↃ emeramus. Ego locum aestate umbrosiorem vidi numquam, permultis locis aquam profluentem et eam uberem.
Quid quaeris? Iugera L prati Caesius irrigaturum facile te arbitrabatur; equidem hoc, quod melius intellego, adfirmo, mirifica suavitate te villam habiturum piscina et salientibus additis, palaestra et silva viridi culta ...

5.2 1 **via Vitularia**: Straßenname – **Fufidianus fundus**: ein anderes Landgut des Quintus – 2 **nundinae**: Markttag – **Arpinum**: Stadt in Latium – **HS CCCIↃↃↃCIↃ**: 101 000 Sesterzen – 3 **umbrosus** < *umbra* – 4 **uber**: reichlich – 5 **iugera**: Morgen (Flächenmaß) – **irrigare**: bewässern – 7 **piscina**: Fischteich – **salientes**: Springbrunnen – **palaestra** (hier): Trainingsplatz, Sportplatz – **(silva) viridis**: grünender (Baumbestand, Park) – **colere** (hier): anlegen

III Aufgaben zur Interpretation : T 3–5

T 3.1 a) Suchen Sie alle Wörter (Substantive, Adjektive, Verben) aus dem Text zusammen, die sich unter dem Leitwort *certus* bzw. seinem Gegenteil erfassen lassen! Welches Lebensziel steckt hinter diesen Ausdrücken?
b) Welche grundsätzliche Unterscheidung trifft Plinius zwischen dem Lebensstil des fortgeschrittenen Alters und dem der Jugend?
c) Warum will Plinius für sein späteres Leben die *regula vitae* des Spurinna zur Richtschnur nehmen?

T 3.2 Welche Formulierungen im Text 3.2 könnte man mit dem Sprichwort *Sit mens sana in corpore sano* zusammenfassen?

T 3.3 Nennen Sie die in 3.3 dargestellten Ergebnisse der strengen Lebensführung des Spurinna und vergleichen Sie diese mit dem Inhalt des auf dieser Seite unten abgedruckten Begleittexts aus Ciceros *Cato maior* (35 f.)! Wo stellen Sie Unterschiede fest?

T 4.1 a) Inwiefern passt die Aussage *peractis, quae agenda fuerint* und *possis ibi manere* zu der in T 2 dieser Einheit behandelten Thematik?
b) Versuchen Sie, anhand des Berichts in 4.1 den Standort des Landhauses Laurentinum auf der Karte (S. 37) festzulegen!

T 4.2 a) Vergleichen Sie die Beschreibung des Landhauses in 4.2 mit dem einschlägigen Artikel (Stichwort *domus*) in einem Reallexikon Ihrer Studienbücherei (z.B. „Lexikon der Alten Welt“ oder „Der kleine Pauly“)!
b) Welche kulturgeschichtliche Bedeutung kommt dem Bericht über die Ausstattung der Villa und der Umgegend zu?

T 5 Vergleichen Sie unter den selben Aspekten wie in 4.2 b die Landhaus-Beschreibung Ciceros mit der des Plinius!

B 1 Wie soll man altern?

Cicero, Cato maior 35 f.

Resistendum senectuti est, utendum exercitationibus modicis. Corpora quidem exercitationum defatigatione ingravescunt, animi autem exercendo levantur. Maxime conficio orationes, multum etiam Graecis litteris utor; exercendae memoriae gratia, quid quoque die dixerim, audierim, egerim, commemoro vesperi. Venio in senatum frequens ultroque affero res multum et diu cogitatas, easdem tueor animi, non corporis viribus. In his studiis viventi non intellegitur, quando obrepat senectus; aetas senescit, diuturnitate exstinguitur.

---

2 **defatigatio** < *fatigare* – **ingravescere**: schwer, matt werden – 5 **commemorare** (hier): wiederholen – **vesperi**: abends – **ultro**: darüber hinaus, zusätzlich – 6 **tueri** (hier): sichern – 7 **obrepere**: überfallen – **diuturnitas** < *diuturnus*

Das Forum Romanum in einer Rekonstruktionszeichnung

IV Der Brief als Spiegelung des politischen Lebens

Cicero – Caesar – Pompeius

Da Cicero weitgehend in das politische Leben in Rom eingebunden und auch verstrickt war, spiegelt sich in vielen seiner Briefe dieser Bereich sehr deutlich. Dabei wird sichtbar, wie er überall Verbindungen hatte und Fäden zog. Jedem der beiden großen Antipoden Pompeius und Caesar war daran gelegen, Cicero für sich zu gewinnen und sie versuchten das über Jahre hinweg immer wieder. Cicero selbst schwankte zwischen der Befriedigung seines Ehrgeizes und der Erhaltung der *libera res publica*. Dies sollen Ausschnitte aus den Briefen jener Zeit veranschaulichen.

T 1 Cicero im Machtspiel zwischen Caesar und Pompejus

Ad Atticum I 18,6

1.1 Pompeius hält sich zurück

Sed interea *politikós anér oud' ónar* quisquam inveniri potest; qui poterat, familiaris noster (sic est enim; volo te hoc scire) Pompeius, togulam illam pictam silentio tuetur suam. Crassus verbum nullum contra gratiam (loquitur). Ceteros iam nosti; qui ita sunt stulti, ut amissa re publica piscinas suas fore salvas sperare videantur. Unus est, qui curet constantia magis et integritate quam, ut mihi videtur, consilio aut ingenio, Cato; qui miseros publicanos, quos habuit amantissimos sui, tertium iam mensem vexat neque iis a senatu responsum dari patitur. Itaque nos cogimur reliquis de rebus nihil decernere ante quam publicanis responsum sit.

1.1 1 **politicós anér oud' ónar** (griech.): auch nicht ein Traumbild eines Vollblutpolitikers – 2 **togula picta** (spött.): hübsches Triumph-Gewand – 3 **Crassus** (erg. *loquitur*) – 4 **piscinae** (spött.): Fischteiche, Pfründen – 6 **integritas** < *integer* – 7 **publicani**: Steuerpächter – **amantissimus**: ein glühender Anhänger – 8 **responsum**: Antwort auf Anfrage/Antrag

1.2 Caesar streckt seine Fühler aus

Ad Atticum II 18,3

Sed de re publica non libet plura scribere. Displiceo mihi nec sine summo scribo dolore. Me tueor, ut oppressis omnibus non demisse, ut tantis rebus (a me) gestis parum fortiter.
A Caesare valde liberaliter invitor in legationem illam, sibi ut sim legatus, atque etiam libera legatio voti causa datur.

1.3 Wie soll ich mich entscheiden: *ambitio* oder *libera res publica?*

Ad Atticum VII 3,2–3

Quod si ista nobis cogitatio de triumpho iniecta non esset, quam tu quoque approbas, ne tu haud multum requireres illum virum, qui in sexto libro informatus est. Quid enim tibi faciam, qui illos libros devorasti? Quin (etiam) nunc ipsum non dubitabo rem tantam abicere, si id erit rectius. Utrumque vero simul agi non potest, et de triumpho ambitiose et de re publica libere. Sed ne dubitaveris, quin, quod honestius, id mihi futurum sit antiquius.
Nam quod putas utilius esse, vel mihi quo tutius sit, vel etiam ut rei publicae prodesse possim, me esse cum imperio, id coram considerabimus, quale sit; habet enim res deliberationem, etsi ex parte magna tibi assentior. De animo autem meo erga rem publicam bene facis, quod non dubitas, et illud probe iudicas, nequaquam satis pro meis officiis – pro ipsius in alios effusione – illum in me liberalem fuisse eiusque rei causam vere explicas... Quae si secus essent totumque se ille in me profudisset, tamen illa, quam scribis, custos urbis me praeclarae inscriptionis memorem esse cogeret... (et) aliquid nos vellet nobis dignum et sentire et defendere. Quod quidem agerem, si liceret, alio modo ac nunc agendum est.

1.2 2/3 **ut... ut...**(jeweils mit abl. abs.): gemessen daran, dass... – **demisse** (Adv.): kleinmütig – 4 **legatio**: vom Senat dem Statthalter offiziell zugeordnete Legaten – 5 die **libera legatio** ermöglichte es, mit Titel und Rechten eines Legaten zu reisen

1.3 1 **inicere alci alqd**: jmd. etwas einflößen – 2 **ne** (hier): fürwahr – **haud requireres**: du müsstest nicht suchen – **illum virum**: der ideale Staatsmann, wie ihn Cicero im verlorenen 6. Buch von *De re publica* beschrieb – 3 **informare** (hier): darstellen – **facere** ~ *fingere* (Wiederaufnahme des *informare*) – **devorare**: verschlingen – 4 **nunc ipsum**: gerade jetzt (andere mögliche Interpretation: *ipsum* bez. auf *illum virum*) – **tantam rem** = *triumphum* – 5 **ambitiose** < *ambitio* – 7 **antiquius** (hier): wichtiger – 8/9 Ⓚ Ordnen Sie: *considerabimus coram, quale (id) sit, quod me esse cum imperio putas utilius esse, vel quo (~ ut eo) tutius sit, vel etiam ut... prodesse possim* – 10 **deliberationem habere**: überlegenswert sein – 12 **satis** (hier): sehr, ziemlich – **officia** (hier): Dienste – **ipsius** bezogen auf Caesar wie auch **illum** – **effusio in alios**: die Großzügigkeit gegen andere – 14 **secus**: anders – **se profundere**: vgl. Z. 15 *effusio* – **illa custos**: Athene als Beschützerin Roms – 15 **inscriptio** < *inscribere*

Silberdenar mit dem Bildnis des Pompeius, ca. 46 v. Chr., British Museum, London. Der Sohn des Pompejus ließ Münzen mit dem Porträt seines Vaters im Bürgerkrieg prägen, um gegen Caesar Propaganda zu betreiben.

1.4 „Ich neige zu Pompeius!"

Ad Atticum VII 3,4f.

De sua potentia dimicant homines hoc tempore periculo civitatis. Nam si res publica defenditur, cur ea consule isto ipso defensa non est? Cur ego, in cuius causa rei publicae salus consistebat, defensus postero anno non sum? Cur imperium illi aut cur illo modo prorogatum est? Cur tantopere pugnatum, ut de eius absentis ratione habenda decem tribuni plebis ferrent? His ille rebus ita convaluit, ut nunc in uno cive spes ad resistendum sit, qui mallem tantas ei vires non dedisset, quam nunc tam valenti resisteret.
Sed quoniam res eo deducta est, non quaeram, ut scribis, *poú skáphos tó tón Atreidón?* Mihi *skáphos* unum erit, quod a Pompeio gubernabitur. Illud ipsum, quod ais, „Quid fiet, cum erit dictum: Dic M. Tulli?" – *Sýntoma:* „Cn. Pompeio assentior."

1.4 1 **homines**: gemeint sind Caesar und Pompeius – **periculo** (adv. Ablativ) **civitatis**: „mit Gefahr für den Staat" – 2 **consule isto ipso**: gemeint ist Caesar – 3 **causa** (hier): Interesse – **defensus postero anno**: bei der Anklage durch Clodius – 4 **prorogare** (hier): verlängern – 5 **de ratione habenda ...** ***(alicuius)*** **ferre**: einen Antrag zur Rücksichtnahme (auf jmd.) stellen – **ferre** (hier): einen Antrag stellen – 6 **convalescere** < *valere* – **uno cive**: gemeint ist Pompeius – 6/7 **qui mallem**: ... von dem ich lieber wollte...*(mallem is non dedisset)* – Verbinden Sie *mallem... quam* – 8 ***poú skáphos tó tón Atreidón*** (griech.): Wo ist das Schiff der Atriden? (Anführer vor Troja) – 9 **gubernare**: lenken, steuern – 10 ***sýntoma*** (griech.): ‚so lautet meine kurze Antwort'

Das Forum Romanum heute

1.5 Cicero will auch bei Pompeius vermitteln

Ad Atticum VII 3,5

Ipsum tamen Pompeium separatim ad concordiam hortabor. Sic enim sentio maximo in periculo rem (publicam) esse. Vos scilicet plura (scitis), qui in urbe estis; verum tamen haec video cum homine audacissimo paratissimoque negotium esse; omnes damnatos, omnes ignominia affectos, omnes damnatione ignominiaque dignos illac facere; omnem fere iuventutem, omnem illam urbanam ac perditam plebem, tribunos valentes addito Cassio, omnes, qui aere alieno premantur, quos plures esse intellego, quam putaveram – causam solum illa causa non habet, ceteris rebus abundat –, hic omnia facere omnes, ne armis decernatur, quorum exitus semper incerti, nunc vero etiam in alteram partem magis timendi (sunt).

1.5 1 **separatim** (hier): unter vier Augen – 2 **scilicet**: natürlich – 3 **haec**: bezogen auf die folgenden A.c.I. – **homo**: gemeint ist Caesar – **paratus**: zu allem bereit – 5 **damnatio** < *damnare* – **illac facere**: auf jener Seite/bei jener Partei stehen – 6 **addito Cassio**: wenn man Cassius dazu rechnet

Porträtbüste Caesars, um 20 v. Chr., Rom, Vatikanische Museen. „Nach dem römischen Historiker Sueton war Caesar von hoher Gestalt, weißer Hautfarbe, gleichsam gedrechselten Gliedern. Der Mund war etwas groß, die Augen schwarz und lebhaft; die Gesundheit vorzüglich. – Das Untergesicht, in dem Kinn und Kinnlade so kantig herausgearbeitet sind, drückt nur Willen aus, Willen eines beinahe asketischen, von unermesslicher körperlicher und geistiger Anstrengung erfüllten und auf Macht eingestellten Lebens. Zu dieser gleichsam kristallenen Grundform stehen weichere Züge um Mund und Augen und das ganz individuelle zierliche Ohr in einem Gegensatz, wie er bei einem älteren griechischen Werk undenkbar wäre." (Karl Schefold/ E.R. Curtius)

1.6 Caesar wird gegenüber Cicero deutlich

Ad Atticum X 8B

Caesar imp. sal. d. Ciceroni imp.

Etsi te nihil temere, nihil imprudenter facturum iudica(ve)ram, tamen permotus hominum fama scribendum ad te existimavi et pro nostra benevolentia petendum, ne quo progredereris proclinata iam re, quo integra (re) etiam progrediendum tibi non existima(vi)sses. Namque et amicitiae graviorem iniuriam feceris et tibi minus commode consulueris, si non fortunae obsecutus videberis (omnia enim secundissima nobis, adversissima illis accidisse videntur), nec causam secutus (eadem enim tum fuit, cum ab eorum consiliis abesse iudicasti), sed meum aliquod factum condemnavisse; quo mihi gravius abs te nil accidere potest. Quod ne facias, pro iure nostrae amicitiae a te peto.

Postremo, quid viro bono et quieto et bono civi magis convenit quam abesse a civilibus controversiis? Quod nonnulli cum probarent, periculi causa sequi non potuerunt; tu explorato et vitae meae testimonio et amicitiae iudicio neque tutius neque honestius reperies quicquam, quam ab omni contentione abesse.

1.6 1 **iudicaveram** (und 2 **existimavi**): Tempus des Briefstils (↗3.2.3, S. 9) – 3 **quo** = *aliquo* – **progredi** (hier): zu weit gehen, sich einlassen auf etwas – **proclinata re**: da die Sache beinahe entschieden ist – **integra** *(re)*: als die Sache noch nicht entschieden war – 7 **causam sequi**: eine Sache verfolgen/sich für eine Sache einsetzen – 8 **quo**: Abl. comparationis – 9 **pro iure amicitiae nostrae**: bei unserer Freundschaft – 12 **controversia**: Streit, Auseinandersetzung – 13 **explorato vitae testimonio et amicitiae iudicio**: ‚in beweiskräftiger Kenntnis meiner Lebensführung und aus dem Urteil unserer Freundschaft heraus' – 14 **contentio** < *contendere*

Die Iden des März, Gemälde des Historienmalers Karl von Piloty (1826–1886), Niedersächsische Landesgalerie, Hannover

1.7 Resignation nach Caesars Sieg

Ad familiares IX 17,1

Cicero Paeto suo s.

... Immo vero, si me amas, tu fac, ut sciam, quid de nobis futurum sit. Habuisti enim in tua potestate (Balbum), ex quo vel ex sobrio vel certe ex ebrio scire posses. Sed ego ista, mi Paete, non quaero, primum quia de lucro prope iam quadriennium vivimus, si aut hoc lucrum est aut haec vita, superstitem rei publicae vivere, deinde quod scire quoque mihi videor, quid futurum sit.

Fiet enim, quodcumque volent, qui valebunt; valebunt autem semper arma. Satis igitur nobis esse debet, quicquid conceditur. Hoc, si quis pati non potuit, mori debuit.

1.7 2/3 **habuisti** (und die folgenden Perfekte): Eigentümlichkeit des Briefstils; im Dt. Präsens (↗ 3.2.3, S. 9) – 2 **sobrius/ebrius**: nüchtern/betrunken – 3 **lucrum** (hier): Profit, Zins – 4 **quadriennium**: Zeitraum von 4 Jahren – **superstes** (mit Gen.): einer, der etwas überlebt hat

Drei Münzen zu Caesars Ermordung: Links sein Mörder Brutus, rechts der trauernde Antonius; in der Mitte eine Freiheitsmütze zwischen Dolchen

T 2 Korruption und Manipulation in Rom

Die folgenden Briefe bzw. Briefstellen sollen darlegen, wie viel im Rom Ciceros davon abhing, dass man Einfluss und gute Beziehungen hatte, oft aber auch davon, dass man schlicht und einfach sich bestechen ließ oder selbst bestach.

2.1 Manus manum lavat

Ad Quintum fratrem II 16,1–3

Cicero Quinto fratri salutem

... Sic enim habeto: numquam me a causis et iudiciis districtiorem fuisse atque id anni tempore gravissimo et caloribus maximis, sed haec, quoniam tu ita praescribis, ferenda sunt neque committendum, ut aut spei aut cogitationi vestrae ego videar defuisse, praesertim cum, si id difficilius fuerit, tamen ex hoc labore magnam gratiam magnamque dignitatem sim collecturus. Itaque, ut tibi placet, damus operam ne cuius animum offendamus atque ut etiam ab iis ipsis, qui nos cum Caesare tam coniunctos (esse) dolent, diligamur, ab aequis vero aut etiam a propensis in hanc partem vehementer et colamur et amemur.

De ambitu cum atrocissime ageretur in senatu multos dies, quod ita erant progressi candidati consulares, ut non esset ferendum, in senatu non fui; statui ad nullam medicinam rei publicae sine magno praesidio accedere. Quo die haec scripsi, Drusus erat de praevaricatione a tribunis aerariis absolutus in summa quattuor sententiis, cum senatores et equites damnassent.

2.1 1 **sic habeto**: du musst nämlich wissen – **causae et iudicia**: Rechtsfälle und Gerichtsverhandlungen – **districtus**: „gestresst" – 2 **calor**: Hitze – 3 **cogitationi defuisse** (hier): die Pläne nicht unterstützt haben – 4 **difficilius** (hier): zu schwierig – 5 **dignitatem colligere**: Ansehen gewinnen – 8 **aequi**: die Unparteiischen, Neutralen – **propensi in**: die zu einer Seite neigen – 10 **ambitus** (hier): Amtserschleichung, Wahlbestechung – 11 **candidatus**: vgl. dt. ‚Kandidat'– 12 **medicina** (hier): Heilung – **praesidium** (hier): Rückendeckung – 13 **praevaricatio**: Amtspflichtverletzung – 14 **sententia** (hier): die Stimme bei der Abstimmung

Eine villa suburbana (s. Text 2.2.1)

2.2 Wer zahlt am meisten?

2.2.1

Ad Quintum fratrem III 1,9

In Hippodamo et nonnullis aliis arcessendis quid cogites, non intellego. Nemo istorum est, quin abs te munus fundi suburbani instar exspectet.

2.2.2

Ad Quintum fratrem III 1,16

Quod scribis te audisse in candidatorum consularium coitione me interfuisse, id falsum est. Eiusmodi enim pactiones in ea coitione factae sunt (quod postea Memmius patefecit), ut nemo bonus interesse debuerit.

2.2.3

Ad Quintum fratrem III 2,3

De ambitu postulati sunt omnes, qui consulatum petunt: a Memmio Domitius, a Q. Acutio, bono et erudito adulescente, Memmius, a Q. Pompeio Messalla, ...

2.2.4

Ad Quintum fratrem III 3,2

Comitiorum cottidie singuli dies tolluntur obnuntiationibus magna voluntate bonorum omnium: tanta invidia sunt consules propter suspicionem pactorum a candidatis praemiorum. Candidati consulares quattuor omnes rei (sunt). Causae sunt difficiles, sed enitemur, ut Messalla noster salvus sit, quod est etiam cum reliquorum salute coniunctum...

2.2.1 2 **fundi suburbani instar**: Geschenk in der Größenordnung eines Landguts – **quin** = qui non

2.2.2 1 **candidatus consularis**: Konsulatsbewerber – **coitio**: Vereinbarung, Komplott – 2 **pactio**: Abkommen, Übereinkunft

2.2.3 1 **ambitus** (hier): Amtserschleichung – **postulare** (hier): vor Gericht ziehen

2.2.4 1 **comitiorum dies**: Komitialtage (Tage der Volksversammlungen) – **obnuntiatio**: die Meldung böser Vorzeichen – **voluntas** (hier): Zustimmung – 2 **invidia esse**: Zielscheibe des Hasses sein – **suspicio** < *suspicari* – 3 **pacta a candidatis praemia**: Bestechungsvereinbarungen der Kandidaten – 4 **eniti**: sich sehr anstrengen

IV Aufgaben zur Interpretation: T 1–2

T 1.1 a) Wie beurteilt Cicero die politische Lage und die vorhandenen Führungspersönlichkeiten in Rom?
b) Welche Haltung unterstellt er auf Grund ihres Gebarens dem Pompeius und dem Crassus; welche Motive leiten diese?
c) Inwiefern ist sein Urteil über Cato zwiespältig? Begründen Sie Ihr Urteil mit den von Cicero verwendeten Ausdrücken!
d) Wie müssen wir die Auseinandersetzung zwischen Cato und den Steuerpächtern *(publicani)* beurteilen?

T 1.2 Klären Sie mit Hilfe eines Reallexikons die Bedeutung von Caesars Angebot an Cicero *(legatio)* ab und bewerten Sie diese!

T 1.3 a) Definieren Sie genau die beiden in der Überschrift dieses Kapitels angegebenen Entscheidungsmöglichkeiten! Zu welcher Lösung neigt Cicero? Wie beurteilt er selbst das Verhalten Caesars?
b) Wie müssen wir es verstehen, wenn Cicero von einem Zwang spricht, welchen die *custos urbis*, Athene/Minerva, auf ihn ausüben würde?
Was will Cicero *sentire et defendere*?

T 1.4 a) Wie beurteilt Cicero die Auseinandersetzung zwischen Pompeius und Caesar *(dimicant homines periculo civitatis)*? Wie sieht er die Erstarkung Caesars und wem gibt er die Schuld daran?
b)Welche politische Entscheidung trifft er für sich selbst?

T 1.5 a) Was sagen die Adjektive *audax – paratus* über die Meinung aus, die Cicero von Caesar hat?
b) Welche Bevölkerungsgruppen schlagen sich nach Ciceros Bericht offensichtlich auf Caesars Seite?
c) Wie müssen wir es verstehen, wenn Cicero dem Wort *causam* in der Bedeutung Ursache die Formulierung *illa causa* gegenüberstellt (vergleichen Sie oben das *ille* für Caesar)?

T 1.6 a) Bestimmen Sie in Z. 4–10 bei den Verbformen jeweils das Tempus, den Modus und dessen Funktion! Benennen Sie dazu in Caesars Brief alle Formulierungen, mit denen er sein Anliegen höflich verklausuliert, und stellen Sie die Wendungen gegenüber, mit denen er warnend und sehr deutlich seine Forderungen vorträgt!
b) Von welcher gefährlichen Einstellung zeugt Caesars Phrase vom ruhigen und guten Bürger, der sich aus allem herauszuhalten hat?

T 1.7 Benennen Sie alle Wendungen im Text, aus denen sich Ciceros Resignation ablesen lässt! Was ist über die allgemeine Situation Ciceros ausgesagt?

T 2.1 a) Benennen Sie alle in den Texten erwähnten Fälle von Korruption und „Schmier-
T 2.2 geld"-Zahlungen! Wie wird dieser Missbrauch begründet? Wer ist an ihm beteiligt?
b) Welches moralische Gesamtbild ergibt sich aus heutiger Sicht?
Vergleichen Sie dazu den Begleittext B1 von Francesco Petrarca (S. 92 f.)

T 3 Plinius und die Christenverfolgung in Bithynien

Plinius, Epistulae X 96

Plinius und die Politik
Plinius war bei weitem nicht in dem Maß Politiker wie Cicero. Aber auch bei ihm kann man insbesondere dem Briefwechsel mit Kaiser Trajan viel über politische Maßnahmen und über die Art der Ämterverwaltung entnehmen. Im Jahr 110 wurde Plinius Statthalter in Bithynien (↗Karte S. 104). In diesem Amt korrespondierte er viel mit Kaiser Trajan. Im Folgenden geht es um die Behandlung der Christen.

3.1 Ein unsicherer Statthalter fragt bei seinem Kaiser an

C. Plinius Traiano imperatori s.

Sollemne est mihi, domine, omnia, de quibus dubito, ad te referre. Quis enim potest melius vel cunctationem meam regere vel ignorantiam instruere?

Cognitionibus de Christianis interfui numquam; ideo nescio, quid et quatenus aut puniri soleat aut quaeri. Nec mediocriter haesitavi, sitne aliquod discrimen aetatum, an quamlibet teneri nihil a robustioribus differant; detur paenitentiae venia, an ei, qui omnino Christianus fuit, desisse non prosit, nomen ipsum, si flagitiis careat, an flagitia cohaerentia nomini puniantur.

Interim (in) iis, qui ad me tamquam Christiani deferebantur, hunc sum secutus modum. Interrogavi ipsos, an essent Christiani. Confitentes iterum ac tertio interrogavi supplicium minatus: perseverantes duci iussi. Neque enim dubitabam, qualecumque esset, quod faterentur, pertinaciam certe et inflexibilem obstinationem debere puniri.

Der Fisch ist eines der ältesten christlichen Symbole (2. Jh. n. Chr.). Während der Christenverfolgungen war er geheimes Erkennungszeichen der Christen, denn im Griechischen sind die Buchstaben des Wortes Fisch (ΙΧΘΥΣ) ein Akrostichon für die Formel Ἰησοῦς Χριστὸς Θεοῦ Υἱὸς Σωτήρ („Jesus Christus, der Sohn Gottes, der Retter").

3.1 1 **sollemne est** (hier): es ist mir eine Gewohnheit – **referre** (hier): vortragen – 2 **cunctatio** (hier): Zaudern – **ignorantia** < *ignorare* – 4 **cognitio** (hier): gerichtliche Untersuchung, Verhör – **quatenus**: (in)wieweit – 5 **haesitare**: stecken bleiben, im Zweifel sein – 6 **discrimen aetatum**: unterschiedliche Behandlung der (verschiedenen) Altersstufen – **quamlibet**: bezogen auf *teneri* (↗ 3.2.1, S. 9) – **robustus**: Gegensatz zu *tener* (vgl. im Dt.: robust) – 7 **paenitentia** < *paenitet* – **omnino** (hier): überhaupt einmal – **Christianus**: Christ (als Adj. christlich) – 8 **flagitium**: Schand-/Übeltat – 10 **deferre**: hinterbringen, anzeigen – 12 **tertio**: ein drittes Mal – **perseverare**: beharrlich bei etwas bleiben – **duci**: erg. *ad supplicium* – 13 **pertinacia**: Hartnäckigkeit, Starrsinn – 14 **inflexibilis** < *flectere* – **obstinatio**: Verstocktheit

Das letzte Abendmahl (Byzantinische Wandmalerei im griechischen Kloster Peribleptos, 14.Jh.)

3.2 Denunziantentum und Verhalten der Christen

Fuerunt alii similis amentiae, quos, quia cives Romani erant, adnotavi in urbem remittendos.

Mox ipso tractatu, ut fieri solet, diffundente se crimine plures species inciderunt. Propositus est libellus sine auctore multorum nomina continens.

Qui negabant esse se Christianos aut fuisse, cum praeeunte me deos appellarent et imagini tuae, quam propter hoc iusseram cum simulacris numinum afferri, ture ac vino supplicarent, praeterea maledicerent Christo, quorum nihil cogi posse dicuntur, qui sunt re vera Christiani, dimittendos putavi.

Alii ab indice nominati esse se Christianos dixerunt et mox negaverunt; fuisse quidem, sed desisse, quidam ante triennium, quidam ante plures annos, non nemo etiam ante viginti. (Hi) quoque omnes et imaginem tuam deorumque simulacra venerati sunt et Christo maledixerunt.

3.2 1 **amentia**: Unvernunft, unsinniges Benehmen – **quia cives Romani erant**: Nach der *lex Porcia* (ca. 300 v. Chr.) durften römische Bürger nicht ohne die Möglichkeit der Berufung an das Volk *(provocatio ad populum)* gefesselt, gezüchtigt oder geschlagen werden; die *lex Sempronia* untersagte ausdrücklich die Hinrichtung römischer Bürger ohne Berufung an das Volk – **adnotare**: anmerken, anordnen – 3 **tractatus**: Behandlung, Verhandlung – **diffundente se crimine**: das Vergehen weitete sich aus – **species**: verschiedene Arten – 4 **libellus sine auctore**: eine anonyme Liste – 5 **praeire**: vorangehen, vorsprechen – 7 **tus, turis**: Weihrauch – **supplicare** (m. Dat.): beten zu – **maledicere**: schmähen – 8 Ⓚ *quorum*: bezieht sich auf die vorher genannten Handlungen; ordnen Sie: *qui Christiani sunt, (ad) nihil eorum cogi posse dicuntur* – 10 **index**: Verzeichnis – 11 **triennium**: Zeitraum von 3 Jahren

3.3 Sind die Zusammenkünfte der Christen gefährlich?

Affirmabant autem hanc fuisse summam vel culpae suae vel erroris, quod essent soliti stato die ante lucem convenire, carmenque Christo quasi deo dicere secum invicem seque sacramento non in scelus aliquod obstringere, sed ne furta, ne latrocinia, ne adulteria committerent, ne fidem fallerent, ne depositum appellati abnegarent.
Quibus peractis morem sibi discedendi fuisse rursusque coeundi ad capiendum cibum, promiscuum tamen et innoxium; quod ipsum facere desisse post edictum meum, quo secundum mandata tua hetaerias esse vetueram.
Quo magis necessarium (esse) credidi ex duabus ancillis, quae ministrae dicebantur, quid esset veri, et per tormenta quaerere. Nihil aliud inveni quam superstitionem pravam et immodicam.
Ideo dilata cognitione ad consulendum te decucurri. Visa est enim mihi res digna consultatione, maxime propter periclitantium numerum. Multi enim omnis aetatis, omnis ordinis, utriusque sexus etiam vocantur in periculum et vocabuntur. Neque civitates tantum, sed vicos etiam atque agros superstitionis istius contagio pervagata est; quae videtur sisti et corrigi posse. Certe satis constat prope iam desolata templa coepisse celebrari, et sacra sollemnia diu intermissa repeti passimque venīre (carnem) victimarum, cuius adhuc rarissimus emptor inveniebatur. Ex quo facile est opinari, quae turba hominum emendari possit, si sit paenitentiae locus.

3.3 1 **summa**: Hauptpunkt, Hauptsache – 2 **stato die**: an einem festgesetzten Tag, bei Christen natürlich der Sonntag – **carmen dicere**: ein Lied anstimmen – 3 **secum invicem** (hier): im Wechselgesang – **se sacramento obstringere**: sich durch einen Eid verpflichten – 4 **furtum**: Diebstahl – **latrocinium**: Raub – **adulterium**: Ehebruch – **fidem fallere**: sein Wort brechen – 5 **depositum appellatus abnego**: ich verweigere bei (trotz) Rückforderung ein anvertrautes (fremdes) Gut – 6/7 **cibum capere**: die Christen nahmen nach dem Abendmahl das gemeinsame „Liebesmahl", die Agape, ein, wobei jeder Teilnehmer nach seinen Kräften zur Bezahlung beitrug – **promiscuus**: gewöhnlich, üblich (es wurde also nicht, wie von den Feinden der Christen verbreitet, das Fleisch eines geschlachteten römischen Kindes gegessen) – **innoxius**: harmlos – 8 **edictum**: Erlass – **hetaeria**: politischer Club, Geheimbund – 9 **ancilla**: Magd – **ministra**: vgl. dt. ‚Ministrant' – 10 **tormentum** < *torquere* – 11 **superstitio**: Aberglaube – **pravus**: verschroben,schlimm – 12 **cognitio**: Verhandlung, Verhör – **decurrere ad**: sich wenden an – 13 **consultatio** < *consulere alqm* – **periclitari**: (hier): Fachausdruck aus der Gerichtssprache: angeklagt werden – 14 **sexus**: Geschlecht – 16 **contagio**: Ansteckung – 17 **desolatus**: vereinsamt, verlassen – 18 **sollemne, -nis**: Fest, Opfer – **passim**: auf Schritt und Tritt, überall – **venīre**: verkauft werden – **victima**: Opferlamm – 19 **emptor** < *emere* – 20 **paenitentia**: Reue

Der Trajansbogen von Benevent, 114–117 n. Chr. errichtet

T 4 Die Antwort des Kaisers Trajan

Plinius, Epistulae X 97

Traianus Plinio

Actum, quem debuisti, mi Secunde, in excutiendis causis eorum, qui Christiani ad te delati fuerant, secutus es. Neque enim in universum aliquid, quod quasi certam formam habeat, constitui potest.

Conquirendi non sunt; si deferantur et arguantur, puniendi sunt, ita tamen, ut, qui negaverit se Christianum esse idque re ipsa manifestum fecerit, id est supplicando dis nostris, quamvis suspectus in praeteritum veniam ex paenitentia impetret. Sine auctore vero propositi libelli (in) nullo crimine locum habere debent. Nam et pessimi exempli nec nostri saeculi est.

T 4 1 **actus**: Verfahrensweise – **excutere causas**: Motive überprüfen (Interpretation von R. Muth), verfolgen – 2 **deferre**: anzeigen, hinterbringen – **in universum**: allgemein gültig – 3 **certam formam habere** (hier): eine feste Regel darstellen – 4 **conquirere**: aufspüren – 5 **manifestus**: offenkundig – 6 **supplicare** (m. Dat.): beten (zu) – **quamvis** mit Partizip: ↗ 3.2.1, S. 9 – **suspectus in praeteritum**: verdächtig für die Vergangenheit – 7 **paenitentia**: Reue, Buße – **sine auctore**: anonym – **libellus** (hier): Liste – 8 **locum habere** (hier): berücksichtigt werden – **et... neque...**: einerseits... andererseits nicht ...

IV AUFGABEN ZUR INTERPRETATION: T 3.1–4

T 3.1 a) Beurteilen Sie das Verhalten des Plinius als kaiserlicher Statthalter in Bithynien anhand seiner folgenden Formulierungen:

Omnia ad te referre – cunctatio – ignorantia – haesitavi!

Zu welcher Qualifikation kommen Sie?

b) Welche Probleme ergeben sich für die Beurteilung der Christen aus den folgenden Ausdrücken:

Quid aut quatenus puniri soleat – discrimen aetatum – paenitentia – nomen ipsum – flagitia cohaerentia nomini?

c) Worum handelt es sich in Wirklichkeit, wenn Plinius von der *pertinacia et inflexibilis obstinatio* der Christen spricht?

T 3.2 a) Fertigen Sie für den langen Satz (Z. 5–9) ein Strukturbild. Tragen Sie die Abhängigkeit der Gliedsätze möglichst genau ein und achten Sie dabei auf deren Grad!

b) Was erfahren wir aus T 3.2 über das Zustandekommen des Verfahrens und über die Vorgehensweisen des Plinius? Deuten Sie in diesem Zusammenhang die Ausdrücke *libellus sine auctore* und *index!*

T 3.3 a) Welche „Vorwürfe" ergeben sich gegen die Christen bei der Verhandlung? Bewerten Sie die Formulierung *se sacramento non in scelus aliquid obstringere, sed ne furta, ne latrocinia, ne adulteria committerent!*

b) Versuchen Sie zu erkennen, welcher historische Vorgang sich hinter folgenden subjektiven Aussagen des Plinius verbirgt:

Multi enim omnis aetatis, omnis ordinis, utriusque sexus...

neque civitates tantum, sed vicos etiam atque agros superstitionis istius contagio pervagata est.

c) Welche Probleme ergeben sich für den römischen Staat und seine Vertreter aus dieser Sachlage? Stichpunkte können sein:

- Christlicher Glaube: römischer Kaiserkult
- Glaubensordnung: staatliche Ordnung
- Beeinflussung von Politik und Wirtschaft durch eine Bewegung diesen Ausmaßes

T 4 a) Bewerten Sie Trajans Formulierung

Neque enim in universum aliquid, quod certam formam habeat, constitui potest!

Begründen Sie den Konjunktiv in *habeat!*

b) Versuchen Sie die politische Seite der Anordnung *puniendi sunt; ita tamen, ut...veniam impetret* zu erfassen!

c) Ordnen Sie die Feststellung *nec nostri saeculi est* historisch ein und begründen Sie sie!

d) Vergleichen Sie die Aussagen des Plinius zur Christenverfolgung mit denen des Tacitus im Begleittext aus dessen Annalen (S. 96)!

- Vergleichen Sie die Art und Weise des Vorgehens!
- Begründen Sie die Unterschiede!

V Die Spiegelung des literarisch-kulturellen Lebens im Brief

Besonders gut lässt sich aus vielen Briefen das literarisch-kulturelle Leben Roms in jener Zeit erkennen. Dies gilt insbesondere für eine Reihe von Briefen des Plinius.

T 1 Die literarische Verbundenheit zwischen Plinius und Tacitus

Plinius, Epistulae VII 20

1.1 Zwei berühmte Autoren im Briefwechsel

Plinius Tacito suo s.

Librum tuum legi et, quam diligentissime potui, adnotavi, quae commutanda, quae eximenda arbitrarer. Nam et ego verum dicere adsuevi, et tu libenter audire. Neque enim ulli patientius reprehenduntur, quam qui maxime laudari merentur. Nunc a te librum meum cum adnotationibus tuis exspecto. O iucundas, o pulchras vices! Quam me delectat, quod, si qua posteris cura nostri, usquequaque narrabitur, qua concordia, simplicitate, fide vixerimus! Erit rarum et insigne duos homines aetate, dignitate propemodum aequales, non nullius in litteris nominis – cogor enim de te quoque parcius dicere, quia de me simul dico – alterum alterius studia fovisse. Equidem adulescentulus, cum iam tu fama gloriaque floreres, te sequi, tibi „longo sed proximus intervallo" et esse et haberi concupiscebam. Et erant multa clarissima ingenia; sed tu mihi – ita similitate natura ferebat – maxime imitabilis, maxime imitandus videbaris. Quo magis gaudeo, quod, si quis de studiis sermo, una nominamur, quod de te loquentibus statim occurro. Nec desunt, qui utrique nostrum praeferantur. Sed nos – nihil interest mea quo loco – iungimur; nam mihi primus, qui a te proximus... Quae omnia huc spectant, ut invicem ardentius diligamus, cum tot vinculis nos studia, mores, fama... constringant. Vale.

1.1 1 **adnotare**: anmerken – 2 **eximere**: herausnehmen, weglassen – 3 **patiens** < *pati* – 4 **adnotatio** < *adnotare* – 5 **vices**: Austausch, Wechselspiel – **o...vices!**: Akk. d. Ausrufs – 6 **usquequaque**: überall, allenthalben – **simplicitas** < *simplex* – 7 **rarum et insigne**: ein seltenes Vorbild – **propemodum**: nahezu – 9 **studia fovere**: die wissenschaftliche Arbeit fördern – 11 **longo sed proximus intervallo** (Vergil, Aeneis V 320): in weitem Abstand doch der Nächste – **concupiscere** < *cupere* – 12 **similitas** < *similis* – 13 **imitabilis / imitandus**: einer, den man nachahmen kann/soll – 14 **occurrere** (hier): vor Augen treten – 16 **qui a te proximus**: der erste nach dir – 17 **huc spectare**: darauf hinauslaufen – **invicem**: wechselseitig – **ardentius**: noch inniger – 18 **constringere**: eng verbinden

Der Circus maximus in einem Rekonstruktionsmodell

1.2 Ein angesehener Autor wird im Circus erkannt

Plinius, Epistulae IX 23

C. Plinius Maximo suo s.

... Numquam maiorem cepi voluptatem, quam nuper ex sermone Corneli Taciti. Narrabat sedisse secum circensibus proximis equitem Romanum. Hunc post varios eruditosque sermones requisisse: „Italicus es an provincialis?" Se respondisse: „Nosti me, et quidem ex studiis." Ad hoc illum: „Tacitus es an Plinius!"...

Accidit aliud ante pauculos dies simile. Recumbebat mecum vir egregius, Fadius Rufinus; super eum municeps ipsius, qui illo die primum venerat in urbem; cui Rufinus demonstrans me: „Vides" (inquit) „hunc?" Multa deinde de studiis nostris; et ille: „Plinius est!"

1.2 3 **circenses**: Zirkusspiele – 4 **eruditus** (hier): gebildet, wissenschaftlich – **provincialis**: ein Mann aus einer Provinz – 5 **studia** (hier): literarische Betätigung – 7 **pauculi** < *pauci* – **recumbere**: sich zu Tisch legen (auf Speisesofas) – 8 **super eum**: neben ihm (eigtl.: oberhalb von ihm) – **municeps**: Mitbürger, Landsmann

Säulen des Rundtempels *(Tholos)* aus dem Heiligtum der Athene in Delphi (um 400 v. Chr.)

T 2 Griechenland als Quelle von *humanitas – litterae – iura – leges*

Plinius, Epistulae VIII 24

2.1 Ein freundschaftlicher Rat

C. Plinius Maximo suo s.

Amor in te meus cogit, non ut praecipiam – neque enim praeceptore eges –, admoneam tamen, ut, quae scis, teneas et observes. Cogita te missum in provinciam Achaiam, illam veram et meram Graeciam, in qua primum humanitas, litterae, etiam fruges inventae esse creduntur; missum ad ordinandum statum liberarum civitatum, id est ad homines maxime homines, ad liberos maxime liberos, qui ius a natura datum virtute, meritis, amicitia, foedere denique et religione tenuerunt! Reverere conditores deos et nomina deorum, reverere gloriam veterem et hanc ipsam senectutem, quae in homine venerabilis, in urbibus sacra! Sit apud te honor antiquitati, sit ingentibus factis, sit fabulis quoque! Nihil ex cuiusquam dignitate, nihil ex libertate, nihil etiam ex iactatione decerpseris!

2.1 1 **praeceptor** < *praecipere* – 2 **tenere et observare**: „streng beachten“ – 3 **Achaia**: röm. Provinzname für Mittelgriechenland und die Peloponnes seit 146 v. Chr. – **merus**: rein, echt (das ‚eigentliche‘ Griechenland) – 4/5 **statum ordinare**: die Verfassung ordnen/regeln – **liberae civitates**: gewisse griech. Gemeinden hatten besondere Rechte (z.B. der Abgabenfreiheit und Selbstverwaltung) – 7 **revereri alqd**: vor etwas Ehrfurcht empfinden – **conditor** < *condere* – 9 **venerabilis**: ehrwürdig – **antiquitas** < *antiquus* – 10 **fabulae** (hier): Mythen – 11 **iactatio**: zur Schau getragener Stolz, Eitelkeit – **decerpere**: wegnehmen

Der einsam auf einem Hügel stehende dorische Tempel von Segesta (Sizilien), erbaut im 5. Jh. v. Chr., ist ein beeindruckendes Bauwerk zwischen grünen Wäldern und Hügeln.

2.2 Wir schulden den Urhebern unserer Kultur Dank

Habe ante oculos hanc esse terram, quae nobis miserit iura, quae leges non victis, sed petentibus dederit, Athenas esse, quas adeas, Lacedaemonem esse, quam regas; quibus reliquam umbram et residuum libertatis nomen eripere durum, ferum, barbarum est! Vides a medicis, quamquam in adversa valetudine nihil servi ac liberi differant, mollius tamen liberos clementiusque tractari.

Recordare, quid quaeque civitas fuerit, non ut despicias, quod esse desierit; absit superbia, asperitas! Nec timueris contemptum! An contemnitur, qui imperium, qui fasces habet, nisi humilis et sordidus et qui se primus ipse contemnit? Male vim suam potestas aliorum contumeliis experitur; male terrore veneratio acquiritur, longeque valentior amor ad obtinendum, quod velis, quam timor. Nam timor abit, si recedas, manet amor, ac sicut ille in odium, hic in reverentiam vertitur.

2.2 1 **miserit iura**: vor der Fixierung der Zwölftafel-Gesetze fertigte eine römische Gesandschaft Abschriften der griech. Gesetze – 3 **residuus**: (noch) übrig – 4/5 **adversa valetudo**: Krankheit – 8 **asperitas**: Härte – **contemptus** < *contemnere* – **an**: (Fragepartikel) oder etwa – 9 **fasces**: Rutenbündel als Zeichen der Amtsgewalt – **sordidus**: schmutzig, gemein – 11 **acquirere**: erwerben, gewinnen – **veneratio**: Verehrung – 13 **reverentia**: Respekt

Der Poseidon-Tempel auf Kap Sunion, erbaut um 440 v. Chr. ▶

Archimedes bei der Bedienung eines Brennspiegels (Museum von Syrakus) ▸

2.3 Zuneigung erreicht immer mehr als Furcht

Te vero etiam atque etiam (repetam enim) meminisse oportet officii tui titulum ac tibi ipsum interpretari, quale quantumque sit ordinare statum liberarum civitatum. Nam quid ordinatione civilius, quid libertate pretiosius? Porro quam turpe, si ordinatio eversione, libertas servitute mutetur!

Accedit, quod tibi certamen est tecum: onerat te quaesturae tuae fama, quam ex Bithynia optimam revexisti; onerat testimonium principis; onerat tribunatus, praetura atque haec ipsa legatio quasi praemium data. Quo magis nitendum est, ne in longinqua provincia quam urbana, ne inter servientes quam liberos, ne sorte quam iudicio missus, ne rudis et incognitus quam exploratus probatusque humanior, melior, peritior fuisse videaris, cum sit alioqui, ut saepe audisti, saepe legisti, multo deformius amittere quam non adsequi laudem.

Haec velim credas, quod initio dixi, scripsisse me admonentem, non praecipientem; quamquam praecipientem quoque. Quippe non vereor, in amore ne modum excesserim. Neque enim periculum est, ne sit nimium quod esse maximum debet. Vale.

2.3 3 **titulus**: Amtstitel, Ehrenstellung des Amts – **interpretari**: erklären, sich klar werden – 4 **ordinare statum**: die Verfassung in Ordnung halten/schützen – 6 **ordinatio**: Subst. zum vorigen Ausdruck – **civilis** (hier): dem Bürger dienlich – 7 **porro**: ferner – 8 **eversio** < *evertere* – 10 **onerare** < *onus* – 11 **revehere**: mit zurückbringen – **testimonium principis**: öffentl. Anerkennung des Kaisers – 13 **niti, ne...**: sich bemühen, dass... – Ⓚ Ordnen Sie: *nitendum est, ne... humanior... fuisse videaris* – **longinquus**: entfernt – 14 **sorte quam iudicio missus**: durchs Los erwählt mehr als durch die Entscheidung des Kaisers entsandt – **rudis et incognitus**: unerfahren und unkundig – 15 **exploratus probatusque**: erfahren und bewährt – 16 **alioqui**: überhaupt, andernfalls – 16 **deformis**: verunstaltet, schimpflich – 17 **adsequi** ~ *consequi* – 19 **quippe**: nämlich – 20 **modum excedere**: das Maß überschreiten

Das Theater auf der Akropolis von Pergamon

T 3 *...a quo ad alios pervenisse putetur humanitas*

Ad Quintum fratrem I 1,24 ff.

Als 60 v. Chr. die Amtszeit seines Bruders als Statthalter in Kleinasien (Asia mit den griechischen Städten Pergamon und Ephesos) verlängert wurde, schrieb Cicero ihm einen in heutiger Übersetzung über 40 Seiten langen Brief mit Hinweisen für seine Tätigkeit. Im Folgenden ein paar Auszüge aus diesen Anweisungen:

3.1 Du bist Statthalter über ein hoch zivilisiertes Volk

(24) Ac mihi quidem videntur huc omnia esse referenda iis, qui praesunt aliis, ut ii, qui erunt in eorum imperio, sint quam beatissimi. Quod tibi et esse antiquissimum et ab initio fuisse, ut primum Asiam attigisti, constanti fama atque omnium sermone celebratum est...

(27) Quapropter incumbe toto animo et studio omni in eam rationem, qua adhuc usus es, ut eos, quos tuae fidei potestatique senatus populusque Romanus commisit et credidit, diligas et omni ratione tueare et esse quam beatissimos velis.

Quod si te sors Afris aut Hispanis aut Gallis praefecisset, immanibus ac barbaris nationibus, tamen esset humanitatis tuae consulere eorum commodis et utilitati salutique servire. Cum vero ei generi hominum praesimus, non modo in quo ipsa sit sed etiam a quo ad alios pervenisse putetur humanitas, certe iis eam potissimum tribuere debemus, a quibus accepimus.

3.1 1 **omnia huc referre**: alle Bemühungen darauf richten – 3 **antiquus** (hier): bedeutend, wichtig – Ⓚ Ordnen Sie: *Quod tibi et esse antiquissimum et... fuisse ...celebratum est* – 5 **quapropter**: deswegen – **incumbere in eam rationem**: diese Verhaltensweise beibehalten – 9 **immanis ac barbarus**: wild und unzivilisiert

Porträtbüsten der Philosophen Platon (links) und Sokrates

3.2 Philosophenweisheit und Alltagsnöte

(29) Atque ille quidem princeps ingenii et doctrinae Plato tum denique fore beatas res publicas putavit, si aut docti ac sapientes homines eas regere coepissent aut ii, qui regerent, omne suum studium in doctrina et sapientia collocarent. Hanc coniunctionem videlicet potestatis et sapientiae saluti censuit civitatibus esse posse.
Quod fortasse aliquando universae rei publicae nostrae, nunc quidem profecto isti provinciae contigit, ut is in ea summam potestatem haberet, cui in doctrina, cui in virtute atque humanitate percipienda plurimum a pueritia studii (positum) fuisset et temporis...
(31) Id autem erit eiusmodi, ut consulas omnibus, ut medeare incommodis hominum, provideas saluti, ut te parentem Asiae et dici et haberi velis.
Atque huic tuae voluntati ac diligentiae difficultatem magnam afferunt publicani. Quibus si adversamur, ordinem de nobis optime meritum et per nos cum re publica coniunctum et a nobis et a re publica diiungemus; sin autem omnibus in rebus obsequemur, funditus eos perire patiemur, quorum non modo saluti sed etiam commodis consulere debemus.

3.2 4 **collocare in** (hier): gründen auf – **vidélicet**: offensichtlich – 8 **percipere**: aufnehmen – **plurimum studii ponere in**: sein größtes Bemühen richten auf – 10 **mederi** (hier): sich kümmern um – **incommoda** (hier): Schwierigkeiten – 12 **difficultatem afferre**: Schwierigkeiten machen – **publicani**: die Pächter der Steuereinnahmen in den Provinzen, welche sehr oft die Bevölkerung ausbeuteten – 13 **adversari**: sich entgegenstellen – **ordo**: der Ritterstand, der Cicero bei der Verhaftung der Catilinarier unterstützte – 14 **per nos coniunctus**: durch uns dem Staat verbunden – **diiungere**: entfremden – 15 **funditus**: von Grund auf

V Aufgaben zur Interpretation : T 1–3

T 1.1/2 a) Welches menschliche Problem spricht Plinius mit der Formulierung *et ego verum dicere adsuevi et tu libenter audire* an?
b) Welcher Wesenszug des Plinius wird aus folgenden Wendungen ersichtlich: *dignitate propemodum aequales, nonnullius in litteris nominis?*
c) Inwiefern kennzeichnen die folgenden Formulierungen die Art der Zusammenarbeit zwischen Tacitus und Plinius:
adnotavi, quae commutanda, quae eximenda arbitrarer – verum dicere...libenter audire – concordia, simplicitas, fides – alterum alterius studia fovisse?

Nennen Sie generell die Gründe, die es für einen Römer so bedeutsam erscheinen lassen, durch Ansehen und Bekanntheitsgrad in die (Literatur-) Geschichte einzugehen!

T 2.1–2 a) Die Abbildungen auf den S. 58–62 belegen die großartigen kulturellen Leistungen der Griechen. Bilden Sie für jedes Bild eine Arbeitsgruppe, informieren Sie sich in den einschlägigen Werken Ihrer Studienbücherei über folgende Themen und berichten Sie in Kurzreferaten:

1. Welche Bedeutung hatte Delphi für das klassische Griechenland? Was muss man über das delphische Orakel wissen (Abb. S. 58)?
2. Welche besonders berühmten Tempelbauten sind Ihnen bekannt? Nennen Sie deren Standorte und referieren Sie kurz über die Säulenordnung dieser Tempel (Abb. S. 59 und 60 f.)!
3. Wie ordnen Sie die Namen Thales, Euklid, Archimedes in der Wissenschaft ein? Welche weiteren antiken Wissenschaftler sind Ihnen mit ihren Wissensgebieten bekannt (Abb. S. 62)?
4. Die Abbildung auf Seite 63 zeigt Ihnen das Theater auf der Akropolis von Pergamon; referieren Sie über die Form des griechischen Theaters und über die dort zur Aufführung gekommenen Werke! Benennen Sie deren wichtigste Schöpfer!

b) Vergleichen Sie zu der Formulierung *ius a natura datum* T 2.1, Z. 6 folgende Aussagen:
Aristoteles: Von Natur aus sind die einen Menschen frei, die anderen Sklaven.
Stoa: Alle Menschen sind von Natur aus frei!

c) Geben Sie aus der Geschichte Beispiele für die von Plinius in T 2 angeführten *merita* Griechenlands!

T 2.3 Mit dem Ausdruck *Quid ordinatione civilius, quid libertate pretiosius* (Z. 6/7) rückt Plinius die beiden Begriffe *ordinatio* und *libertas* in den Bereich der Werte und stellt sie einander gegenüber. Welche Gefahren zeigt er für den Fall der Vernachlässigung eines der beiden auf?

T 3.1/2 Vergleichen Sie die Aussagen Ciceros zum Thema (korrekte, verständnisvolle Führung einer Statthalterschaft) mit denen des Plinius in T 2.1–2.3!
Warum liegt in den Zeilen 12–16 von T 3.2 *(ordinem a nobis diiungemus)* der entscheidende Unterschied zum Plinius-Text?

Blick über den Vesuv auf den Golf von Neapel *(sinus Cumanus)* ▸

Blick vom Forum in Pompeji zum Vesuv im Hintergrund

VI Briefe zur Darstellung herausragender historischer Ereignisse

T 1 Der Vesuv-Ausbruch aus der Sicht des älteren Plinius

Plinius, Epistulae VI 16

1.1 Tacitus fordert Material für seine Geschichte an

C. Plinius Tacito suo s.

Petis, ut tibi avunculi mei exitum scribam, quo verius tradere posteris possis. Gratias ago; nam video morti eius, si celebretur a te, immortalem gloriam esse propositam. Quamvis enim pulcherrimarum clade terrarum ut populi ut urbes memorabili casu quasi semper victurus occiderit, quamvis ipse plurima opera et mansura condiderit, multum tamen perpetuitati eius scriptorum tuorum aeternitas addet.

Equidem beatos puto, quibus deorum munere datum est aut facere scribenda aut scribere legenda, beatissimos vero, quibus utrumque. Horum in numero avunculus meus et suis libris et tuis erit. Quo libentius suscipio, deposco etiam, quod iniungis.

1.1 1 **avunculus**: Onkel (hier: Bruder der Mutter des Plinius) – **tradere**: Der Teil der Historien des Tacitus, welcher diese Ereignisse enthielt, ist nicht erhalten – 3 **clade** (hier): Untergang (Übersetzen Sie den Ablativ mit „bei"!) – **terrae** (hier): Landschaften, Landstriche – 4 **memorabilis** < *memoria* – **casus**: Untergang – Ⓚ Ordnen Sie: *quamvis... ut populi ut urbes ...quasi semper victurus occiderit, aeternitas multum addet* – 5 **perpetuitas** < *perpetuus* – 6 **aeternitas** (hier): Weiterleben, ewiger Bestand – 10 **deposcere**: sich dringend erbitten – **iniungere**: auferlegen

Der Vesuv-Ausbruch des Jahres 1779, Gemälde von Jakob Philipp Hackert (1737–1807)

1.2 Eine schreckliche Naturkatastrophe kündigt sich an

Erat Miseni classemque imperio praesens regebat. Nonum kalendas Septembres hora fere septima mater mea indicat ei apparere nubem inusitata et magnitudine et specie. Usus ille sole, mox frigida, gustaverat iacens studebatque; poscit soleas, ascendit locum, ex quo maxime miraculum illud conspici poterat.

Nubes – incertum (erat) procul intuentibus, ex quo monte (Vesuvium fuisse postea cognitum est) – oriebatur, cuius similitudinem et formam non alia magis arbor quam pinus expresserit. Nam longissimo velut trunco elata in altum quibusdam ramis diffundebatur (credo, quia recenti spiritu evecta), dein senescente eo destituta aut etiam pondere suo victa in latitudinem vanescebat, candida interdum, interdum sordida et maculosa, prout terram cineremve sustulerat.

1.2 1 **Misenum**: Misenum war einer der vier röm. Kriegshäfen – **nonum kal. Septembres** = *ante diem nonum kalendas Septembres*: 24. August – 2 **hora septima**: den Mittag (ca. 12.00 Uhr) bezeichnet immer *sexta hora*; *septima hora* steht also etwa für 13.00 Uhr – **inusitatus**: ungewohnt – 3 **sole uti**: ein Sonnenbad nehmen – **frigida**: erg. *aqua* – **gustare**: etwas zu sich nehmen – 4 **soleae**: Sandalen – **miraculum**: vgl. dt. „Mirakel" – 7/8 **similitudinem et formam alicuius rei exprimere**: in der Form einer Sache ähnlich sein, nahe kommen – **pinus**: Pinie, ein Nadelbaum mit kugelförmiger Krone – 8 **truncus**: (Baum-)Stamm – 9 **diffundi**: sich ausbreiten – **spiritus recens**: ein frischer Luftzug – 10 **evehi**: emporgetragen werden – **senescere** (hier): nachlassen – **destitui** (hier): den Auftrieb verlieren – 11 **vanescere**: dahinschwinden, zerfließen – **maculosus**: fleckig – **prout**: je nachdem wie

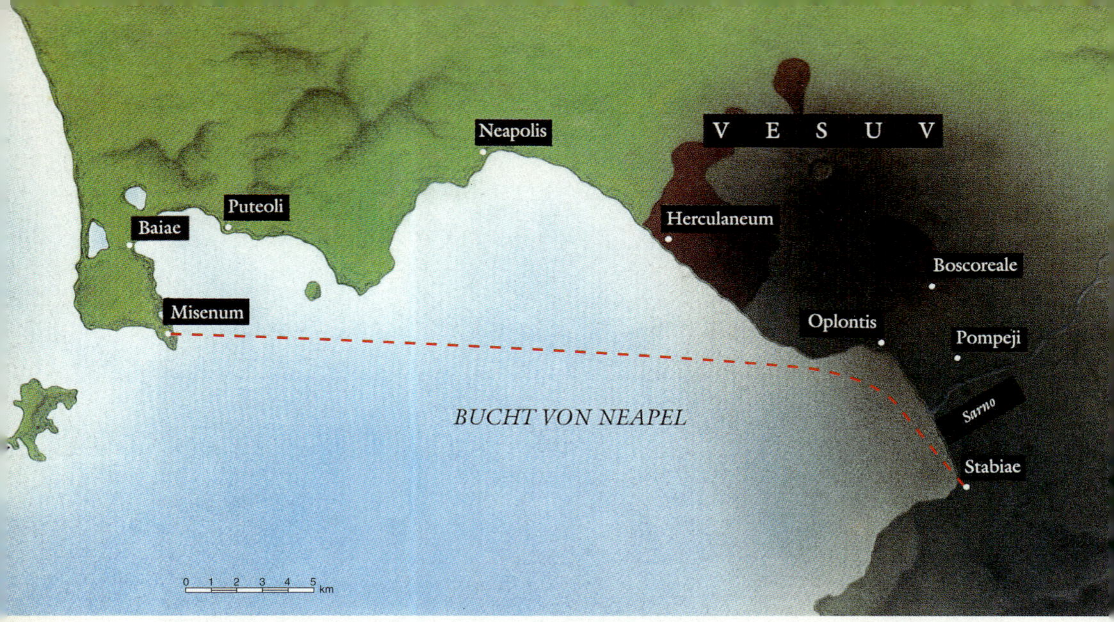

Die zerstörerische Gewalt, mit der der Vesuv sein Umland begrub, brach in zwei Wellen herein, wie diese schematische Darstellung des Golfes von Neapel und Umgebung zeigt. Asche und Bimsstein – in verschieden dichten Grautönen dargestellt – legten sich wie eine Decke über die gesamte südliche Region. Das weiter westlich gelegene Herculaneum wurde von massiveren Lavaströmen (braun) ausgelöscht, die sich in dünneren Schichten auch über andere Gebiete ausbreiteten. Die rote Linie bezeichnet den Weg des älteren Plinius von Misenum nach Stabiae.

1.3 Aus Interesse und Neugier wird Ernst

Iubet liburnicam aptari; mihi, si venire una vellem, facit copiam; respondi studere me malle, et forte ipse, quod scriberem dederat. Egrediebatur domo; accipit codicillos Rectinae Tasci imminenti periculo exterritae – nam villa eius subiacebat nec ulla nisi navibus fuga (erat) –; ut se tanto discrimini eriperet, orabat. Vertit ille consilium et, quod studioso animo incohaverat, obit maximo.

Deducit quadriremes, ascendit ipse non Rectinae modo sed multis – erat enim frequens amoenitas orae – laturus auxilium. Properat illuc, unde alii fugiunt, rectumque cursum rectaque gubernacula in periculum tenet, adeo solutus metu, ut omnes illius mali motus, omnes figuras, ut deprehenderat oculis, dictaret enotaretque.

1.3 1 **liburnica** *(navis)*: Liburner-Yacht, Schnellsegler – **aptare**: (seefertig) machen – **copiam facere** (hier): die Möglichkeit geben, freistellen – 3 **codicilli**: Wachstäfelchen, (hier): Brief – **Rectina Tasci**: Rectina, Frau eines gewissen Tascus – 4 **subiacere**: erg. *Vesuvio monti* – 5 **incohare**: anfangen, beginnen – **studiosus animus ... maximus**: Eifer des Wissenschaftlers... Mut des Helden – 7 **deducere**: zu Wasser bringen lassen – **quadriremis**: Schiff mit vier Reihen (insgesamt etwa 250) Ruderern – 8 **frequens** (hier): dicht besiedelt – **amoenitas orae**: liebliche Küstenlandschaft – **illuc**: dorthin – 9 **recta gubernacula tenere in**: genau darauf zuhalten – 10 **figurae** (hier): Phasen – **deprehendere oculis**: mit den Augen aufnehmen – 11 **enotare**: aufzeichnen lassen

Das Gemälde von Jakob Philipp Hackert (1737–1807) stellt den Stand der Ausgrabungen in Pompeji um das Jahr 1779 dar; das große Theater (links) ist schön zu erkennen.

1.4 Ein furchtloser Flottenchef: der ältere Plinius

Iam navibus cinis incidebat, quo propius accederent, (eo) calidior et densior; iam pumices etiam nigrique et ambusti et fracti igne lapides; iam vadum subitum ruinaque montis litora obstantia.
Cunctatus paulum, an retro flecteret (cursum), mox gubernatori, ut ita faceret, monenti „Fortes“, inquit, „fortuna iuvat. Pomponianum pete!“ Stabiis erat diremptus sinu medio – nam sensim circumactis litoribus mare infunditur. Ibi, quamquam nondum periculo appropinquante, conspicuo tamen et, cum cresceret, proximo, sarcinas contulerat in naves, certus fugae, si contrarius ventus resedisset. Quo tunc avunculus meus secundissimo invectus complectitur trepidantem, consolatur, hortatur, utque timorem eius sua securitate leniret, deferri in balineum iubet; lotus accubat, cenat aut hilaris aut, quod aeque magnum, similis hilari.

1.4 1 **incidere**: auf jmd. herabfallen, – 2 **pumex, -icis**: Bimsstein, Lava – **ambustus**: ringsum verbrannt – **vadum**: Untiefe – 3 **ruinā montis**: durch das Herabstürzen des Berges – **litora obstantia**: unzugängliche Uferstellen, Klippen – 4 **retro flectere** *(cursum)*: zurückfahren – 5 **Pomponianus**: ein dem Plinius befreundeter Flottenoffizier – **Stabiae, -arum**: ↗ Karte S. 70 – 6 **sinus medius**: die dazwischen liegende Bucht – **litora sensim circumacta**: eine kaum merklich gekrümmte Küste – 7 **conspicuus**: sichtbar, auffallend – 8 **sarcinae**: das (Soldaten-) Gepäck – **certus** (m. Gen.): entschlossen (zu etwas) – 9 **residere**: nachlassen – **secundissimo** erg. *vento*: Gegensatz zu *contrario* – 11 **deferri in balineum iubere**: sich ins Bad tragen lassen – **lotus**: gewaschen – **accubare**: bei Tisch liegen – 12 **hilaris**: heiter, gelassen

Die Abbildung zeigt das Apodyterium der Stabianer Thermen in Pompeji mit Wandnischen zum Ablegen der Kleidung. Die Vitrinen enthalten Gipsabdrücke von Menschen, die beim Vesuvausbruch ums Leben kamen.

1.5 Die Katastrophe

Interim e Vesuvio monte pluribus locis latissimae flammae altaque incendia relucebant, quorum fulgor et claritas tenebris noctis excitabatur. Ille agrestium trepidatione ignes relictos desertasque villas per solitudinem ardere in remedium formidinis dictitabat. Tum se quieti dedit et quievit verissimo quidem somno; nam meatus animae, qui illi propter amplitudinem corporis gravior et sonantior erat, ab iis, qui limini obversabantur, audiebatur. Sed area, ex qua diaeta adibatur, ita iam cinere mixtisque pumicibus oppleta surrexerat, ut, si longior in cubiculo mora, exitus negaretur. Excitatus procedit seque Pomponiano ceterisque, qui pervigilaverant, reddit. In commune consultant, intra tecta subsistant an in aperto vagentur. Nam crebris vastisque tremoribus tecta nutabant et quasi emota sedibus suis nunc huc nunc illuc abire aut referri videbantur. Sub divo rursus quamquam levium exesorumque pumicum casus metuebatur, quod tamen periculorum collatio elegit, et apud illum quidem ratio rationem, apud alios timorem timor vicit. Cervicalia capitibus imposita linteis constringunt; id munimentum adversus incidentia fuit.

1.5 2 **relucere**: aufleuchten – **fulgor et claritas**: leuchtender Schein – **excitari** (hier): gesteigert werden – **agrestis**: ländlich, Subst.: Bauer – 3 **trepidatio** < *trepidare* – **solitudo**: Abgeschiedenheit – 4 **formido**: Angst – **dictitare**: immer wieder sagen – 5 **meatus animae**: der Atem, die Atemzüge – **amplitudo** < *amplus* – 6 **limini obversari**: sich vor der Türschwelle aufhalten – 7 **area** (hier): Hofraum – **diaeta**: Zimmer – **oppleta surrexerat**: er war so angefüllt mit – **pumex**: Lava, Bimsstein – 8 **exitus negatur**: der Ausgang wird verwehrt – 9 **se reddere alicui**: zurückkehren zu jdm. – **pervigilare**: wach bleiben – 10 **in aperto**: im Freien – 11 **vastus** (hier): heftig – **tremor** < *tremere* („Tremolo") – **nutare**: schwanken – **emota sedibus**: aus den Verankerungen gerissen – 12 **abire aut referri** (hier): sich hin und her bewegen – **sub divo** (hier): im Freien – 13 **exesus**: zerfressen, ausgehöhlt – **casus** (hier): das Herabfallen – **collatio**: Vergleich – 14 **ratio** (hier): vernünftiger Grund – 15 **cervical**: Kopfkissen – **linteum**: Leintuch – **constringere**: festbinden – **munimentum** < *munire*

Die Abbildungen zeigen die hohe Wohnkultur in Pompeji; oben links: Schlafzimmer mit Bettgestell; oben rechts: Wanddekoration im Atriumhaus; unten: Laubengang und Lichthof im Haus des Loreius Tiburtinus

1.6 Ein Horror-Szenarium

Iam dies alibi, illic nox omnium noctium nigrior densiorque; quam tamen faces multae variaque lumina solvebant. Placuit (ei) egredi in litus et ex proximo aspicere, ecquid iam mare admitteret; quod adhuc vastum et adversum permanebat. Ibi super abiectum linteum recubans semel atque iterum frigidam aquam poposcit hausitque.

Deinde flammae flammarumque praenuntius odor sulphuris alios in fugam vertunt, excitant illum. Innitens servolis duobus assurrexit et statim concidit, ut ego colligo, crassiore caligine spiritu obstructo clausoque stomacho, qui illi natura invalidus et angustus et frequenter aestuans erat.

1.6 2 **solvere** (hier): erhellen („die Nacht auflösen") – 3 **ecquid**: was denn – **admittere** (hier): zulassen – 4 **abicere** (hier): ausbreiten – **linteum**: Leintuch – **recubare**: auf dem Rücken liegen – 6 **odor**: Geruch – **sulphur**: Schwefel – 7 **servolus** < *servus* – 8 **colligere** (hier): vermuten – **caligo crassa**: dichter Dunst – **obstruere spiritum**: den Atem abschneiden – **stomachus** (hier): Luftröhre – 9 **aestuare**: trocken sein

Gipsabgüsse von verschütteten Opfern des Vesuvausbruchs; von links oben nach rechts unten: Mit zwei kleinen Jungen und ihrer Mutter, die in dem Inferno seiner Führung anvertraut waren, starb der Diener, der einen Sack mit Verpflegung auf dem Rücken trägt. – Ein Mann versucht, sich mit letzter Kraft aufrichtend, seiner Frau und seinem Kind zu helfen. – Der Hund lag an der Kette und konnte nicht davonlaufen, als sich der Gesteinshagel wie Sand in einer Sanduhr durch das offene Dach des Atriums ergoss. – Ein Mann versuchte, sich vor der Flut des Felsgesteins auf einem Baum in Sicherheit zu bringen. Er hält den Ast des Baums, der unter seinem Gewicht abbrach, noch in der Hand.

1.7 Das traurige Ende

Ubi dies redditus – is ab eo, quem novissime viderat, tertius – corpus inventum integrum, inlaesum opertumque, ut fuerat indutus; habitus corporis quiescenti quam defuncto similior.

Interim Miseni ego et mater – sed nihil ad historiam, nec tu aliud quam de exitu eius scire voluisti. Finem ergo faciam. Unum adiciam: omnia me, quibus interfueram quaeque statim, cum maxime vera memorantur, audieram, persecutum (esse). Tu potissima excerpes; aliud est enim epistulam, aliud historiam, aliud amico, aliud omnibus scribere. Vale.

1.7 1 **quem novissime viderat**: den er als letzten erlebt hatte – 3 **defungi**: sterben – 4 **nihil ad historiam** (erg. *hoc pertinet*): das hat keine Bedeutung für die Geschichtsschreibung (des Tacitus) – 5 **exitus**: (Lebens-)Ausgang – 6 **cum maxime vera memorantur**: wenn der wirkliche Vorgang noch frisch in Erinnerung ist – 7 **persequi alqd**: einer Sache beharrlich nachgehen – **excerpere**: herausziehen, auswählen

VI Aufgaben zur Interpretation: T 1

Welche Empfindungen berühren Sie beim Betrachten der Abbildung des Vesuv-Kraters auf S. 66–67 und des Gemäldes von Jakob Ph. Hackert auf S. 69?

T 1.1 Welche Gründe veranlassen Plinius den Berichtswunsch des Tacitus so gerne zu erfüllen (Formulierungen: *si celebretur a te – immortalem gloriam – plurima opera et mansura condiderit)?*

T 1.2 a) Erstellen Sie unter Auslassung der Parenthese ein Strukturbild für den langen Schluss-Satz des zweiten Abschnitts (Z.8–12)!
b) Beschreiben Sie genau die Einzelvorgänge im Ablauf der ersten Phase des Vulkanausbruchs!

T 1.3 Stellen Sie aus den Texten 1.2 und 1.3 alle Aussagen über Plinius den Älteren zusammen! Unterscheiden Sie dabei zwischen seinen Eigenschaften und geistigen Qualitäten auf der einen und seinen Handlungen auf der anderen Seite!

T 1.4 Vergleichen Sie das Verhalten des Flottenkommandanten mit dem der anderen Personen! Ergänzen Sie dabei die (↗ 1–3) schon angefertigte Charakterzeichnung für ihn! Wie würden Sie abschließend diese Charakterisierung kurz zusammenfassen (s. auch 1.7)?

T 1.5 a) Ergänzen Sie aus den Zeilen 1–2, 7–8 und 10–13 von T 1.5 Ihre Notizen über den Ablauf des Vesuv-Ausbruchs!
b) Vervollständigen Sie ebenso aus den Zeilen 3–6, 8–10 und 13–15 das in 1.3 erstellte Charakterbild für Plinius den Älteren!
c) Vergleichen Sie die Darstellung des Vulkan-Ausbruchs und die der Reaktion der Betroffenen mit der modernen Beschreibung des Vesuv-Ausbruchs von 1944 durch Curzio Malaparte in seinem Roman „Die Haut" (abgedruckt im Begleittext B 5 im Anhang auf S. 97)! Welche Parallelen und welche Unterschiede stellen Sie fest?

T 1.6 a) Ziehen Sie aus T 1.5 und 1.6 alle Redefiguren heraus und begründen Sie deren Verwendung! Z.B. T 1.5 Z. 14

apud illum ratio rationem
apud alios timorem timor vicit

b) Um welche Krankheit handelt es sich wohl beim Leiden des älteren Plinius
meatus animae gravior et sonantior – crassiore caligine spiritu obstructo clausoque stomacho – (stomachus) angustus et aestuans?

T 1.7 a) Betrachten Sie zur Aussage *corpus inventum integrum, inlaesum opertumque, ut fuerat indutus* die Abb. auf S. 74 (↗ auch Malaparte-Text Z. 12 ff.)
b) Vergleichen Sie abschließend zur obigen Charakterstudie über den Flottenkommandanten (↗ 1.3 u.1.4) folgende Zitate (aus H.-P. Bütler, s. Literatur-Verzeichnis):

- **(Seneca, Epist. 66,6)** *Animus neutri se fortunae submittens,super omnia, quae contingunt acciduntque, eminens,...inperturbatus, intrepidus, quem nulla vis frangat, quem nec tollant fortuita nec deprimant: talis animus* ***virtus*** *est.*
- **(Horaz, Carmina III 3,3)** *Iustum et tenacem propositi virum – si fractus illabatur orbis, impavidum ferient ruinae.*
- **(Seneca, Epist. 59,14)** *Sapiens ille plenus est gaudio, hilaris et placidus, inconcussus.*

Welcher Menschentyp wird hier als Leitbild vorgestellt?
Welcher philosophischen Schule entspringen diese Gedanken?

VII Der philosophisch-paränetische oder „offene Brief“

Die ersten Kapitel der Einheit VII bringen Briefe von Plinius und Seneca zu parallelen Themen, um eine vergleichende Behandlung zu ermöglichen.

Die mittelalterliche Buchillustration setzt das berühmte Zitat aus dem Matthäus-Evangelium (Kap. 7,3) um: „Was siehst du aber den Splitter in deines Bruders Auge und wirst nicht gewahr des Balkens in deinem Auge?“

T 1 Plinius wirbt für Toleranz

Plinius, Epistulae VIII 22

C. Plinius Gemino suo s.

Nostine hos, qui omnium libidinum servi sic aliorum vitiis irascuntur, quasi invideant, et gravissime puniunt, quos maxime imitantur, cum eos etiam, qui non indigent clementia ullius, nihil magis quam lenitas deceat?

Atque ego optimum et emendatissimum existimo, qui ceteris ita ignoscit, tamquam ipse cottidie peccet, ita peccatis abstinet, tamquam nemini ignoscat.

Proinde hoc domi, hoc foris, hoc in omni vitae genere teneamus, ut nobis implacabiles simus, exorabiles iis etiam, qui dare veniam nisi sibi nesciunt, mandemusque memoriae, quod vir mitissimus et ob hoc quoque maximus Thrasea crebro dicere solebat: „Qui vitia odit, homines odit.“ ...Vale.

T 1 1 **libido**: Begierde, Ausschweifung – 3 **indigere** ~ *egere* (m. Abl.) – **clementia** < *clemens* – **lenitas**: Gelassenheit, Nachsicht – 4 **emendatus** < *emendare* – 7 **domi... foris...**: zu Hause... in der Öffentlichkeit – **vitae genus** (hier): Lebensbereich – 8 **implacabilis** < *placare* – ebenso: **exorabilis** < *orare*

Rekonstruktionszeichnung des Circus Maximus aus dem 19. Jh.

T 2 Unwert der Massenvergnügungen

Plinius, Epistulae IX 6

C. Plinius Calvisio suo s.

Omne hoc tempus inter pugillares ac libellos iucundissima quiete transmisi. „Quemadmodum“, inquis, „in urbe potuisti?“ Circenses erant, quo genere spectaculi ne levissime quidem teneor. Nihil novum, nihil varium, nihil, quod non semel spectasse sufficiat!

Quo magis miror tot milia virorum tam pueriliter identidem cupere currentes equos, insistentes curribus homines videre. Si tamen aut velocitate equorum aut hominum arte traherentur, esset ratio nonnulla; nunc favent panno, pannum amant, et si in ipso cursu medioque certamine hic color illuc, ille huc transferatur, studium favorque transibit, et repente agitatores illos, equos illos, quos procul noscitant, quorum clamitant nomina, relinquent. (Forts. S. 78)

T 2 1 **pugillares**: Notizblock (Schreibtäfelchen mit Wachsauflage, vgl. S. 15) – **libellus**: Heft, Buch – (**tempus**) **transmittere**: Zeit verbringen – 2 **circenses**: Zirkusspiele – 3 **teneri** (hier): gefesselt werden – 5 **identidem**: immer wieder – 6 **velocitas** < *velox* – 7 **trahi** (hier): mitgerissen werden – **favere** (hier): Beifall spenden – 8 **pannus**: Lappen, Trikot; die Besucher (zwischen 60 000 und später 160 000!) im Circus Maximus erkannten die Wagenlenker an der Farbe ihres Trikots, trugen selbst oft eine Tunika in den Farben ihrer Favoriten und schlossen Wetten auf diese ab! – 9 **favor** < *favere* – **agitator** (hier): Wagenlenker – 10 **noscitare**: Verbum intensivum zu *noscere*

T 2 (Fortsetzung von S. 77)

Tanta gratia, tanta auctoritas in una vilissima tunica?! Quod (per-)mitto apud vulgus, quod vilius tunica, sed apud quosdam graves homines? Quos ego cum recordor in re inani, frigida, assidua tam insatiabiliter desidere, capio aliquam voluptatem, quod hac voluptate non capior.

Ac per hos dies libentissime otium meum in litteris colloco, quos alii otiosissimis occupationibus perdunt. Vale.

T 3 Humanitas im Alltag: Sklaven sind auch Menschen

Plinius, Epistulae VIII 16

C. Plinius Paterno suo s.

Confecerunt me infirmitates meorum, mortes etiam, et quidem iuvenum. Solacia duo nequaquam paria tanto dolori, solacia tamen: unum facilitas manumittendi (videor enim non omnino immaturos perdidisse, quos iam liberos perdidi), alterum, quod permitto servis quoque quasi testamenta facere eaque ut legitima custodio. Mandant, rogantque, quod visum (est); pareo ut iussus.

Dividunt, donant, relinquunt, dumtaxat intra domum; nam servis res publica quaedam et quasi civitas domus est.

Sed quamquam his solaciis acquiescam, debilitor et frangor eadem illa humanitate, quae me, ut hoc ipsum permitterem, induxit. Non ideo tamen velim durior fieri.

Nec ignoro alios eiusmodi casus nihil amplius vocare quam damnum, eoque sibi magnos homines et sapientes videri. Qui an magni sapientesque sint, nescio; homines non sunt. Hominis est enim affici dolore, sentire, resistere tamen et solacia admittere, non solaciis non egere.

Verum de his plura fortasse (dixi), quam debui; sed pauciora, quam volui. Est enim quaedam etiam dolendi voluptas, praesertim, si in amici sinu defleas, apud quem lacrimis tuis vel laus sit parata vel venia. Vale.

T 2 12 **gratia** (hier): Anreiz – **vilis**: wertlos – **tunica** (hier): Trikot – 14 **assiduus** (hier): eintönig – **insatiabilis**: unersättlich – 17 **occupatio** < engl. *occupation*

T 3 1 **conficere** (hier): aufreiben – **infirmitas** (hier): Krankheit – 2/3 **facilitas manumittendi**: die Möglichkeit zur Freilassung (der *dominus* konnte einen Sklaven aus seiner Verfügungsgewalt freilassen, z.B. durch Eintragung in die Bürgerliste) – **immaturus**: vorzeitig, zu früh – 5 **legitimus**: gesetzlich gültig – *(mihi)* **visum est**: es scheint (mir) gut – 7 **dumtaxat**: selbstverständlich, freilich nur – 9 **acquiescere** < *quiescere* – **debilitare**: schwächen – 14 **resistere** (hier): gefasst sein – 15 **admittere** (hier): annehmen, anhören – 17 **in sinu**: ‚an der Brust'

Wagenrennen in Rom, Szenenbild aus dem Monumentalfilm „Ben Hur"

T 4 Die Gefahr in der Masse: Überall wirst du verändert!

Seneca, Epistulae 7

4.1 Die Menge verdirbt den Charakter

Seneca Lucilio suo salutem

Quid tibi vitandum praecipue existimem, quaeris? Turbam! Nondum illi tuto committeris. Ego certe confitebor imbecillitatem meam: numquam mores, quos extuli, refero. Quod aegris evenit, quos longa imbecillitas usque eo affecit, ut nusquam sine offensa proferantur, hoc accidit nobis, quorum animi ex longo morbo reficiuntur. Inimica est multorum conversatio: nemo non aliquod nobis vitium aut commendat aut imprimit aut nescientibus adlinit. Utique quo maior est populus, cui miscemur, hoc periculi plus est.

4.1 2 **imbecillitas**: Schwäche, Krankheit – 3 **eferre** (hier): mit hinausnehmen – 4 **afficere**: schwächen – **offensa**: Anfall, Rückfall – **proferri** (hier): ins Freie gebracht werden können – 5 **conversatio**: Umgang – 6 **commendare**: empfehlen – 7 **adlinere** (hier): „anhängen" – **utique**: jedenfalls

Das Kolosseum bei Nacht. Szenen wie die im Text geschilderten fanden hier oft statt.

4.2 Morden als Schauspiel

Nihil vero est tam damnosum, quam in aliquo spectaculo desidere. Tunc enim per voluptatem facilius vitia subrepunt. Quid me existimas dicere? Avarior redeo, ambitiosior, luxuriosior, immo vero crudelior et inhumanior, quia inter homines fui. Casu in meridianum spectaculum incidi lusus exspectans et sales et aliquid laxamenti, quo hominum oculi ab humano cruore adquiescant. Contra est: Quidqud ante pugnatum est, misericordia fuit. Nunc omissis nugis mera homicidia sunt. Nihil habent, quo tegantur, ad ictum totis corporibus expositi numquam frustra manum mittunt... Non galea non scuto repellitur ferrum. Quo munimenta? Quo artes? Omnia ista mortis morae sunt. Mane leonibus et ursis homines, meridie spectatoribus suis obiciuntur. Interfectores interfecturis iubent obici et victorem in aliam detinent caedem: exitus pugnantium mors est.

4.2 1 **damnosus**: verderblich – 2 **subrepere**: sich einschleichen – 3 **ambitiosus**: ehrgeizig – 4 **meridianus**: mittäglich – **incidere** (hier): hineingeraten – **lusus, -us** = *ludus* – 5 **sales** (hier): Witz, Scherze – **laxamentum**: Entspannung – 6 **cruor**: (geronnenes) Blut – 7 **nugae**: Possen – **merus**: rein – **homicidium**: Mord, Totschlag – 8 **ictus, -us**: Hieb – 9 **galea**: Helm – **scutum**: Schild – **quo** (hier): wozu – **munimentum** < *munire* – 10 **mora**: Verzögerung – 11 **interfector** < *interficere* – 12 **detinere**: aufbewahren

4.3 Gewalttätigkeit steckt an

...Tu, quid meruisti miser, ut hoc spectes?
„Occide, verbera, ure!“
„Quare parum libenter moritur?“
„Quare tam timide incurrit in ferrum?“
„Quare parum audacter occidit?“
„Quare parum libenter moritur?“ ...

Intermissum est spectaculum: „Interim iugulentur homines, ne nihil agatur!“

Age, ne hoc quidem intellegitis mala exempla in eos redundare, qui faciunt? Agite dis immortalibus gratias, quod eum docetis esse crudelem, qui non potest discere!

Subducendus populo est tener animus et parum tenax recti: facile transitur ad plures.

Socrati et Catoni et Laelio excutere morem suum dissimilis multitudo potuisset: adeo nemo nostrum, qui cum maxime concinnamus ingenium, ferre impetum vitiorum tam magno comitatu venientium potest...

Necesse est aut imiteris aut oderis. Utrumque autem devitandum est: neve similis malis fias, quia multi sunt, neve inimicus multis, quia dissimiles sunt. Recede in te ipsum, quantum potes. Cum his versare, qui te meliorem facturi sunt. Illos admitte, quos tu potes facere meliores! ...

B Begleit-Texte

Im gleichen Brief zitiert Seneca drei Aussprüche, einen von Demokrit, einen von Epikur und den eines Unbekannten, in denen er die Frage anspricht, inwieweit man die Öffentlichkeit mit solchen Gedanken erreichen kann:

B 1 Democrit: Unus mihi pro populo est, et populus pro uno.

B 2 Epikur: Haec ego non multis sed tibi: satis enim magnum alter alteri theatrum sumus.

B 3 Unbekannt: Satis sunt mihi pauci, satis est unus, satis est nullus.

4.3 1 **merere** (hier): verschulden – 7 **iugulare**: erdrosseln – 9 **redundare**: zurückfallen – 12 **subducere**: entziehen – **tenax** (m.Gen.): festhaltend (an etwas) – 14 **excutere morem**: das sittliche Denken austreiben – 15 **adeo nemo... potest**: Umso weniger kann... – **concinnare ingenium**: den Charakter formen – 16 **comitatus** < *comitari* – 17 **devitare** < *vitare*

T 5 Die Behandlung von Sklaven

Seneca, Epistulae 47

5.1 Wie barbarisch geht ihr mit Sklaven um!

Seneca Lucilio suo salutem

Libenter ex iis, qui a te veniunt, cognovi familiariter te cum servis tuis vivere. Hoc prudentiam tuam, hoc eruditionem decet. ‚Servi sunt.‘ Immo homines. ‚Servi sunt.‘ Immo contubernales. ‚Servi sunt.‘ Immo humiles amici. ‚Servi sunt.‘ Immo conservi, si cogitaveris tantundem in utrosque licere fortunae.

Itaque rideo istos, qui turpe existimant cum servo suo cenare: quare, nisi quia superbissima consuetudo cenanti domino stantium servorum turbam circumdedit? Est ille plus quam capit et ingenti aviditate onerat distentum ventrem ac desuetum iam ventris officio, ut maiore opera omnia egerat quam ingessit.

At infelicibus servis movere labra ne in hoc quidem, ut loquantur, licet. Virga murmur omne compescitur, et ne fortuita quidem verberibus excepta sunt: tussis, sternumenta, singultus; magno malo ulla voce interpellatum silentium luitur. Nocte tota ieiuni mutique perstant. Sic fit, ut isti de domino loquantur, quibus coram domino loqui non licet.

At illi, quibus non tantum coram dominis, sed cum ipsis erat sermo, quorum os non consuebatur, parati erant pro domino porrigere cervicem, periculum imminens in caput suum avertere: in conviviis loquebantur, sed in tormentis tacebant.

Um die Flucht von Sklaven zu erschweren und das Wiederbringen zu erleichtern, wurden Sklaven oft Halsbänder mit Marken umgehängt, die den Träger als Unfreien auswiesen, seinen Besitzer und dessen Wohnort angaben.

5.1 2 **eruditio** < *erudire* – 3 **contubernales**: Haus-/Tischgenossen – 4 **tantundem licere**: ebenso weit gehen können – 8 **circumdare** (hier): ringsum anordnen – **est**: Kurzform für *edit* – **aviditas** (hier): Fressgier – **venter distentus**: der ausgedehnte Magen – 9 **desuescere**: entwöhnen – **egerere**: ausstoßen – 10 **ingerere** (hier): sich einverleiben – 11 **labra**: Lippen – 12 **virga**: Rute – **murmur**: Gemurmel – **compescere**: unterdrücken – **fortuitus**: zufällig – **verbera**: Schläge – 13 **tussis**: Husten – **sternumentum**: Niesen – **singultus**: Schlucken, Röcheln – **magno malo lui**: schwer bestraft werden – 14 **ieiunus**: nüchtern – **mutus**: stumm – 17 **os consuere**: ‚das Maul stopfen‘ – 19 **cervix**: Nacken – 21 **tormentum** < *torquere*

Freilassung von Sklaven vor dem Prätor durch Übergabe des *pilleus*, der Freigelassenenmütze. Römisches Sandsteinrelief, Musée Royal de Mariemont

5.2 Für mich zählt nicht der Stand, sondern das Ethos

... Nolo in ingentem me locum immittere et de usu servorum disputare, in quos superbissimi, crudelissimi, contumeliosissimi sumus. Haec tamen praecepti mei summa est:

Sic cum inferiore vivas, quemadmodum tecum superiorem velis vivere! Quotiens in mentem venerit, quantum tibi in servum tuum liceat, veniat in mentem tantundem in te domino tuo licere! „At ego“, inquis, „nullum habeo dominum.“ Bona aetas est; forsitan habebis. Vive cum servo clementer, comiter quoque, et in sermonem illum admitte et in consilium et in convictum! ...

‚Quid ergo?‘ Omnes servos admovebo mensae meae? Non magis quam omnes liberos. Erras, si existimas me quosdam quasi sordidioris operae reiecturum, ut puta illum mulionem et illum bubulcum: non ministeriis illos aestimabo, sed moribus. Sibi quisque dat mores, ministeria casus adsignat.

5.2 1 **immittere se in locum**: sich auf eine Sache einlassen – 2 **contumeliosus**: schmähsüchtig – 6 **tantundem licere**: ebenso weit gehen können – 8 **comiter**: leutselig, freundlich – **convictus**: Tischgemeinschaft – 10 **non magis quam**: ebenso wenig wie – 11 **sordida opera**: schmutziger Beruf – 12 **ut puta**: wie z.B. – **mulio**: Maultiertreiber – **bubulcus**: Ochsenknecht – **ministerium**: Beruf, (Dienst-) Leistung – 13 **adsignare**: verleihen

T 6 Misstrauen gegenüber jeglichem Luxus

6.1 Vorsicht vor Luxus-Urlaubsplätzen

Seneca, Epistulae 51,5 ff.

Gegenüber seinem Briefpartner, der auf Sizilien irgendwo in der Nähe des Aetna als Procurator amtiert, weist Seneca auf die Gefahren hin, die gerade in solchen Badezentren die Menschen verführen können, sich dem Laster hinzugeben. Er selbst hält sich gerade im Badeort Baiae am Golf von Puteoli in Campanien auf und kann das nur zu deutlich selbst erleben.

Seneca Lucilio suo salutem

... mi Lucili, tu istic habes Aetnam, nobilissimum Siciliae montem...; nos, utcumque possumus, contenti sumus Bais; quas postero die, quam attigeram, reliqui, locum ob hoc devitandum, cum habeat quasdam naturales dotes, quia illum sibi celebrandum luxuria desumpsit...

Non tantum corpori, sed etiam moribus salubrem locum eligere debemus... Id agere debemus, ut inritamenta vitiorum quam longissime profugiamus; indurandus est animus et a blandimentis voluptatum procul abstrahendus. Una Hannibalem hiberna solverunt et indomitum illum nivibus atque Alpibus virum enervaverunt fomenta Campaniae: armis vicit vitiis victus est. Nobis quoque militandum est, et quidem genere militiae, quo numquam quies, numquam otium datur: debellandae sunt in primis voluptates, quae, ut vides, saeva quoque ad se ingenia rapuerunt. Si quis sibi proposuerit, quantum operis adgressus sit, sciet nihil delicate nihil molliter esse faciendum.

Quid mihi cum istis calentibus stagnis? Quid cum sudatoriis, in quae siccus vapor corpora exhausurus includitur? Omnis sudor per laborem exeat! Si faceremus, quod fecit Hannibal, ut interrupto cursu rerum omissoque bello fovendis corporibus operam daremus, nemo non intempestivam desidiam, victori quoque, nedum vincenti, periculosam, merito reprehenderet ...

6.1 2 **utcumque**: wie auch immer – **attingere** (hier): eintreffen – 3 **devitare** ~ *vitare* – **naturales dotes**: von der Natur gegebene schöne Lage – 4 **luxuria locum desumpsit**: die Luxusgesellschaft hat einen Ort für sich ausgewählt – 5 **saluber**: heilsam – 6 **irritamenta**: Lockmittel – **longissime profugere alqd.**: möglichst weit von sich fern halten – 7 **indurare**: abhärten – **blandimenta voluptatum**: Verlockungen der Genusssucht – 8 **solvere** (hier): schwächen – 9 **enervare**: entkräften – **fomenta** (hier): sanfte Wärme – 11 **debellare**: niederkämpfen – 12 **saevus**: herrisch, grausam – 13 **delicatus**: weichlich, gemächlich – 15 **stagnum calens**: ein ‚schwüles' Gewässer – **sudatorium**: Schwitzraum, Sauna – 15/16 **siccus vapor**: trockene Heißluft – **sudor**: Schweiß – 18 **fovere**: hegen, pflegen – **intempestiva desidia**: träges Herumsitzen zur Unzeit – 19 **nedum**: geschweige denn

Rekonstruktionszeichnung der Stabianer Thermen in Pompeji: 1, 2 und 6: Eingänge; 3 und 12: Umkleideräume; 11–15 und 25–28: Kalt-, Heiß-, Schwitzbäder; 10: offenes Schwimmbad; 4: Sportplatz mit Boccia-Bahn; 16–20: Heizräume mit Kalt-, Warmwassertanks; 5: Bademeister; 7: öffentliche Toiletten; 8: Wasser-Reservoir

6.2 Frei werden von den äußeren Zwängen!

Fortuna mecum bellum gerit: non sum imperata facturus; iugum non recipio, immo, quod maiore virtute faciendum est, excutio.
Non est emolliendus animus: si voluptati cessero, cedendum est dolori, cedendum est labori, cedendum est paupertati; idem sibi in me iuris esse volet et ambitio et ira; inter tot affectus distrahar, immo discerpar.
Libertas proposita est; ad hoc praemium laboratur. Quae sit libertas, quaeris? Nulli rei servire, nulli necessitati, nullis casibus, fortunam in aequum deducere. Quo die illam intellexero plus posse, nihil poterit: ego illam feram, cum in manu mors sit?
His cogitationibus intentum loca seria sanctaque eligere oportet.

6.2 1 **iugum**: Joch – 2 **excutere** (hier): abschütteln *(iugum)* – 3 **emollire**: verweichlichen, schwächen – 4 **iuris esse in alqm.**: ein Recht haben auf/über jmd. haben – 5 **inter affectus distrahi**: zwischen Gefühlen/Affekten hin und her gerissen werden – **discerpi**: zerrissen werden – 7 **servire** m. Dat.: sich zum Knecht machen für etwas – **fortunam in aequum deducere**: sich mit dem Schicksal abfinden – 9 **manu**: erg. *mea* – 10 *(alci rei)* **intentum esse**: beschäftigt mit – **loca**: bezogen auf die Badeplätze – **serius**: ernsthaft

Der sterbende Seneca, Gemälde von Peter Paul Rubens, um 1611, München, Alte Pinakothek

T 7 Glück gibt es nur in Verbindung mit dem Bemühen um Weisheit

Seneca, Epistulae 16

(1) Liquere hoc tibi, Lucili, scio, neminem posse beate vivere, ne tolerabiliter quidem, sine sapientiae studio, et beatam vitam perfecta sapientia effici, ceterum tolerabilem etiam inchohata (sapientia). Sed hoc, quod liquet, firmandum et altius cottidiana meditatione figendum est: plus operis est in eo, ut proposita custodias quam ut honesta poponas. Perseverandum est et assiduo studio robur addendum, donec bona mens sit quod bona voluntas est ...

(3) Non est philosophia populare artificium nec ostentationi paratum; non in verbis, sed in rebus est. Nec in hoc adhibetur, ut cum aliqua oblectatione consumatur dies, ut dematur otio nausia: animum format et fabricat, vitam disponit, actiones regit, agenda et omittenda demonstrat, sedet ad gubernaculum et per ancipitia fluctuantium dirigit cursum. Sine hac nemo intrepide potest vivere, nemo secure; innumerabilia accidunt singulis horis, quae consilium exigant, quod ab hac petendum est.

T 7 1 **liquere**: klar sein – **tolerabilis**: eträglich – 3 **inchohare**: anfangen, sich daran machen – 4 **altius figere**: ‚höher hängen‘, ernster nehmen – **meditatio**: das Nachdenken – **plus operis est**: es macht mehr Mühe – 5 **propositum**: das Vorhaben, der Plan – **perseverare**: fortfahren – 6 **assiduus**: ständig, unablässig – 8 **populare artificium**: eine beim Volk beliebte Kunst – **ostentatio**: Zurschaustellung – 9 **oblectatio** ~ *delectatio* – 10 **nausia** (hier): Langeweile – **fabricare**: bilden – 12 **per ancipitia fluctuantium** (hier): in Phasen des Schwankens und Zweifelns – 13 **intrepidus**: ohne Furcht/Schrecken – **innumerabilis** < *numerare* – 14 **consilium exigere**: Entschlusskraft fordern

Das Glücksrad auf der Titelseite der Carmina Burana. Die im Kloster Benediktbeuern im 13. Jhdt. entstandene Handschrift der Carmina Burana befindet sich heute in der Bayerischen Staatsbibliothek, München

T 8 Das *honestum* der Stoa

8.1 *...unum bonum esse, quod honestum est*

Seneca, Epistulae 74

Quidni tu, mi Lucili, maximum putes instrumentum vitae beatae hanc persuasionem unum bonum esse, quod honestum est? Nam qui alia bona iudicat, in fortunae venit potestatem, alieni arbitrii fit; qui omne bonum honesto circumscripsit, intra se felix est.

Hic amissis liberis maestus (est), hic sollicitus aegris, hic turpibus et aliqua sparsis infamia tristis; illum videbis alienae uxoris amore cruciari, illum suae; non deerit, quem repulsa distorqueat; erunt, quos ipse honor vexet.

Illa vero maxima ex omni mortalium populo turba miserorum, quam exspectatio mortis exagitat undique impendens; nihil enim est, unde non subeat. Itaque ut in hostili regione versantibus, huc et illuc circumspiciendum est et ad omnem strepitum circumagenda cervix; nisi hic timor e pectore eiectus est, palpitantibus praecordiis vivitur.

8.1 2 **persuasio** < *persuadere* – 3 **fieri** (mit Genitiv): abhängig werden von – 4 **circumscribere**: abgrenzen, definieren – 5 **aegris**: erg. *liberis* – 6 **infamia spargi**: in schlechtem Ruf stehen – **cruciari**: gequält werden – 7 **repulsa**: Zurückweisung bei einer Amtsbewerbung – **distorquere**: quälen – 8/9 **exspectatio** < *exspectare* – **exagitare**: aufscheuchen, beunruhigen – 10 **subire** (hier): herantreten, sich heranmachen – **hostilis** < *hostis* – 11 **strepitus**: Lärm, Geräusch – **cervix**: Nacken, Hals – 12 **palpitantibus praecordiis**: mit (heftig) klopfendem Herzen

Die Säulenhalle (Stoa) des Königs Attalos II. von Pergamon (159–138) in Athen; die 116 m breite und 20 m tiefe Halle wurde zwischen 1952 und 1956 rekonstruiert und bietet seitdem annähernd dasselbe Bild wie 140 v. Chr. Sie beherbergt heute das Museum der Agora.

8.2 Unsere Kritik am Göttlichen ist nur Unverstand

Quisquis se multum fortuitis dedit, ingentem sibi materiam perturbationis et inexplicabilem fecit, una haec via est ad tuta vadenti externa despicere et honesto esse contentum. Nam qui aliquid virtute melius putat aut ullum praeter illam bonum, ad haec, quae a fortuna sparguntur, sinum expandit et sollicitus missilia eius exspectat. Hanc enim imaginem animo tuo propone ludos facere fortunam et in hunc mortalium coetum honores, divitias, gratiam excutere...

Quicumque beatus esse constituet, unum esse bonum putet, quod honestum est; nam si ullum aliud existimat, primum male de providentia iudicat, quia multa incommoda iustis viris accidunt, et quia, quidquid nobis dedit, breve est et exiguum, si compares mundi totius aevo.

Ex hac deploratione nascitur, ut ingrati divinorum interpretes simus: querimur, quod non semper, quod et pauca nobis et incerta et abitura contingant. Inde est, quod nec vivere nec mori volumus: vitae nos odium tenet, timor mortis. Natat omne consilium nec implere nos ulla felicitas potest.

Causa autem est, quod non pervenimus ad illud bonum immensum et insuperabile, ubi necesse est, resistat voluntas nostra, quia ultra summum non est locus.

8.2 1 **fortuita**: Zufälligkeiten – **dedit/fecit**: gnomisches Perfekt – **perturbatio** < *perturbare* – 2 **inexplicabilis**: unerklärlich, endlos – **externa** *(bona)*: äußerliche Güter – 3 **honestum**: ↗ T8.1 – 4 **sinum expandere**: den Gewandbausch öffnen – 5 **missilia**: eigtl. Wurfgeschosse, unter die Menge geworfene Geschenke – 6 **coetus**: Versammlung, Vereinigung – 7 **excutere** (hier): zuwerfen, austeilen – 8 **constituere** (hier): sich vornehmen – 9 **providentia**: Vorsehung – 11 **aevum**: lange Dauer, Ewigkeit – 12 **deploratio**: Bejammern – **divina**: göttliche Ratschlüsse – **intèrpres**: Ausdeuter – 13 **abitura**: Vergängliches – 14 **inde est, quod...**: daher kommt es, dass ... – 15 **natare** (hier): schwanken – **16 immensus** < *metiri* – 17 **resistere**: zurückstehen, Halt machen – **summum** (hier): höchste Vollkommenheit

Opferprozession (Ein seltenes künstlerisches Dokument aus dem 6. Jh. v. Chr., gemalt auf einer Holztafel, gefunden in einer Höhle in Pitsa bei Sikyon/Nordpeloponnes)

T 9 Der richtige Geist

Seneca, Epistulae 41

9.1 ***Animum excellentem caeli potentia agitat!***

Seneca Lucilio suo salutem

Facis rem optimam et tibi salutarem, si, ut scribis, perseveras ire ad bonam mentem, quam stultum est optare, cum possis a te impetrare. Non sunt ad caelum elevandae manus nec exorandus aedituus, ut nos ad aurem simulacri, quasi magis exaudiri possimus, admittat: prope est a te deus, tecum est, intus est! ...

Ita dico, mi Lucili: sacer intra nos spiritus sedet, malorum bonorumque nostrorum observator et custos. Hic prout a nobis tractatus est, ita nos ipse tractat. Bonus vero vir sine deo nemo est: an potest aliquis supra fortunam nisi ab illo adiutus exsurgere? Ille dat consilia magnifica et erecta. In unoquoque virorum bonorum

(Quis deus, incertum est) habitat deus ...

Animum excellentem, moderatum, omnia tamquam minora transeuntem, quicquid timemus optamusque ridentem, caelestis potentia agitat. Non potest res tanta sine adminiculo numinis stare. Itaque maiore sui parte illic est, unde descendit.

9.1 1 **salutaris**: heilsam, Gewinn bringend – **bona mens**: eine gute Gesinnung – 3 **elevare**: aufheben – **aedituus**: Tempelhüter – 5 **intus** (hier): in deinem Innern – 7 **observator** < *observare* – **prout**: je nachdem wie – 8 **supra fortunam exsurgere**: sich über sein Schicksal hinwegsetzen – 9 **erectus** (hier): erhaben – 11 **Quis deus...**: Zitat aus Vergils Aeneis (VIII 352) – 12 **transire** (hier): sich hinwegsetzen über – 14 **adminiculum numinis**: Beistand/Mithilfe des göttlichen Waltens – **stare** ~ *exsistere*

Raffael hat 1509 auf einem Fresko die Schule von Athen dargestellt: In der Mitte sehen wir Platon und Aristoteles, links hinten diskutiert Sokrates, Diogenes hat sich auf der Treppe niedergelassen; Euklid erläutert rechts ein geometrisches Problem. Rom, Vatikanische Museen, Stanza della Segnatura

9.2 *Rationale enim animal est homo*

Quis est ergo hic animus? Qui nullo bono nisi suo nitet. Quid enim est stultius quam in homine aliena laudare? Quid eo dementius, qui ea mirantur, quae ad alium transferri protinus possunt? Non faciunt meliorem equum aurei freni! ...

Nemo gloriari nisi suo debet. Propria virtus est in vite fertilitas: in homine quoque id laudandum est, quod ipsius est. Familiam formosam habet et domum pulchram, multum serit; multum fenerat: nihil horum in ipso est, sed circa ipsum.

Lauda in illo, quod nec eripi potest nec dari, quod proprium hominis est. Quaeris, quod sit?

Animus et ratio in animo perfecta.

Rationale enim animal est homo. Consummatur itaque bonum eius, si id implevit, cui nascitur. Quid est autem, quod ab illo ratio haec exigat? Rem facillimam: secundum naturam suam vivere. Sed haec difficile facit communis insania: in vitia alter alterum trudimus. Quomodo autem revocari ad salutem possunt, quos nemo retinet, populus impellit? Vale.

9.2 1 **nitere**: glänzen, hervorstechen – 2 **demens**: unsinnig, verrückt – 3 **protinus** (hier): jederzeit – 4 **freni**: Zügel (st. *frena*) – 5 **gloriari** (mit Abl.): sich einer Sache rühmen – **suum**: seine persönliche Eigenschaft/Eigenleistung – **vitis**: Weinrebe – **fertilitas**: Fruchtbarkeit – 7 **fenerare**: Gewinn einbringen – 12 **rationale animal**: ein Wesen mit Verstand – **consummare**: zum höchsten Stand bringen – 13 **exigere a**: jmd. abfordern – 14/15 **communis insania**: die allgemeine Unvernunft – **trudere**: stoßen, drängen

VII Aufgaben zur Interpretation: T 1–9

T 1 a) In welche Richtung lenkt Plinius seine Darlegungen zur Toleranz mit den Formulierungen *qui... libidinum servi sic ...aliis... irascuntur, quasi invideant* und *qui ceteris ita ignoscit, tamquam ipse cottidie peccet?* Beachten Sie dazu das Thrasea-Zitat in Z. 10 sowie folgende Zitate aus anderen Plinius-Briefen!
IX 12,1: *Non omnes homines aliquo errore ducuntur?*
IX 5,1: *egregie facis..., quod iustitiam... multa humanitate... commendas*

T 2/4 a) Wie beurteilt Plinius die Massenvergnügungen? Stellen Sie aus T 2 alle Formulierungen zusammen, die man unter den Stichworten ‚Fan – Fanatismus – eitle Nichtigkeiten' zusammenfassen könnte (z.B. *Si color... transferatur... transibit* Z. 9)!
b) Vergleichen Sie damit die entsprechenden Formulierungen Senecas in T 4.1. Aus welchem Erleben menschlicher Grausamkeit heraus erwachsen bei ihm Distanz und Absonderung (T 4.2)? Vor welchen Alternativen steht der Mensch nach Senecas Meinung wenn er die Entscheidung über eine eigene Haltung trifft?

T 3/5 a) Vergleichen Sie die Grundeinstellung des Plinius zu Sklaven wie sie in T 3 sichtbar wird *(confecerunt me infirmitates – solacium unum facilitas manumittendi – pareo ut iussus)* mit der Darstellung Senecas vom brutalen Umgang der Römer mit ihren Sklaven (T 5.1).
b) Welche Gefahren sieht Seneca in solchem Verhalten seiner Landsleute (T 5.2)? Seneca spricht an anderer Stelle sogar von *transire in fortunam eorum:* Bewerten Sie dazu auch die Formulierungen *inferior/superior!*
c) Nach welchen Kriterien beurteilt Seneca selbst die Sklaven (T 5.2, Z. 12/13) ?

T 6.1 a) Mit welchen Begründungen lehnt Seneca in T 6.1 jeglichen Luxus mit geradezu martialischen Worten ab? Welche historischen Vorgänge führt er als Beweis an?
b) Nehmen Sie aus heutiger Sicht kritisch zu den einzelnen Aussagen Stellung, vor allem zu denen über die Badeanstalten und -gewohnheiten!

T 6.2 a) Von welchem ‚Krieg' mit welchen Gegnern spricht Seneca in T 6.2?
b) Welche Stellung räumt er dem Schicksal ein und wie geht er dagegen an?
c) Von welcher Art von Freiheit spricht er in den Z. 6–10?

T 7 Bilden Sie Arbeitsgruppen und erarbeiten Sie mit Hilfe eines Reallexikons in Kurzreferaten die wichtigsten Grundlagen zu Geschichte und Lehre der stoischen Philosophie! Welche Aussagen in T 7 lassen sich dieser Philosophie zuordnen?

T 8.1/2 a) Erarbeiten Sie anhand des Artikels *Stoiker* im „Lexikon der Alten Welt" in einem Kurzreferat den Begriff des *honestum?*
b) Wie stellt sich dieses in T 8.1 dar? Welche Verhaltensweisen stehen ihm entgegen?
c) Welche Rolle spielen in T 8.2 *fortuna* und *fortuita?* Warum stehen sie der Erkenntnis des Göttlichen im Wege?

T 9.1/2 a) Wie würde man in unserer Zeit das ausdrücken, was Seneca hier mit *bona mens* bezeichnet und mit klaren Kriterien umreißt? Wie erwirbt man diese Eigenschaft? Wo liegt ihre Wurzel? Welche Verhaltensweisen gehören dazu?
b) Lesen Sie dazu die kritischen Anmerkungen Petrarcas in seinem imaginären Brief an Seneca (Begleittext B 4, S. 94–95). Worauf ist Petrarcas Kritik gerichtet?

Anhang

1 Verschiedene Begleittexte

Der Humanist Francesco Petrarca schrieb im 14. Jahrhundert eine Reihe imaginärer Briefe ins Jenseits an die großen Römer der republikanischen und der Kaiser-Zeit. Auszüge aus diesen (vor allem gegenüber Cicero) sehr kritischen Briefen sind gut geeignet, unsere Briefautoren Cicero und Seneca entsprechend zu beurteilen.

B 1 Petrarca kritisiert Cicero im Jenseits

Petrarca XXIV 3

Franciscus Ciceroni suo salutem. Epistolas tuas diu multumque perquisitas atque ubi minime rebar, inventas avidissime perlegi.

Audivi multa te dicentem, multa deplorantem, multa variantem, Marce Tulli, et qui iam pridem, qualis praeceptor aliis fuisses, noveram, nunc tandem, quis tu tibi esses, agnovi.

Unum hoc vicissim a vera caritate profectum non iam consilium sed lamentum audi, ubicumque es, quod unus posterorum, tui nominis amantissimus, non sine lacrimis fundit!

O inquiete semper atque anxie, vel, ut verba tua recognoscas, o praeceps et calamitose senex, quid tibi tot contentionibus et prorsum nihil profuturis simultatibus voluisti?

Ubi et aetati et professioni et fortunae tuae conveniens otium reliquisti? Quis te falsus gloriae splendor senem adolescentium bellis implicuit et per omnes iactat(u)um casus ad indignam philosopho mortem rapuit? Heu et fraterni consilii immemor et tuorum tot salubrium praeceptorum, ceu nocturnus viator lumen in tenebris gestans, ostendisti secuturis callem, in quo ipse satis miserabiliter lapsus es.

Omitto Dionysium, omitto fratrem tuum ac nepotem, ...omitto, si placet, ipsum etiam Dolabellam, quos nunc laudibus ad caelum effers, nunc repentinis maledictis laceras: fuerint haec tolerabilia fortasse. Caesarem praetervehor, cuius spectata clementia ipsa lacessentibus portus erat; Magnum praeterea Pompeium sileo, cum quo iure quodam familiaritatis quidlibet posse videbare. Sed quis te furor in Antonium impegit? Amor credo rei publicae, quam funditus iam corruisse fatebaris. Quodsi pura fides, si libertas te trahebat, quid tibi tam familiare cum Augusto? Quid enim Bruto tuo responsurus es? (Ille) „Siquidem“, inquit, „Octavius tibi placet, non dominum fugisse, sed amiciorem dominum quaesisse videberis!“... Doleo vicem tuam, amice, et errorum pudet ac miseret, iamque cum eodem Bruto.

B 1d Petrarca kritisiert Cicero im Jenseits (Übersetzung)

Franziskus grüßt seinen lieben Cicero,

ich habe deine Briefe, nach denen man lange Zeit umfangreiche Forschungen angestellt und sie, wo ich es am wenigstens glaubte, gefunden hat, mit größter Neugier durchgelesen.

Ich habe (sozusagen) angehört, wie du vieles besprichst, vieles bejammerst, oft deine Meinung änderst, Marcus Tullius, und nachdem ich schon längst wusste, welche Bedeutung du als Belehrender für andere hattest, weiß ich jetzt endlich auch, welche Stellung du dir selbst gegenüber eingenommen hast.

Höre dir aber bitte, wo auch immer du jetzt bist, diesen einen aus wechselseitiger Zuneigung erwachsenen Rat an, einen Rat, der fast schon kein Rat mehr ist, sondern mehr ein Bejammern, das einer der Nachkommen, ein großer Verehrer deines Namens, nicht ohne Tränen hören lässt!

O du unruhiger und angstvoller, oder besser, damit du deine eigenen Worte wiedererkennst, o du elend ins Verderben gestürzter Greis: Was wolltest du mit so vielen Auseinandersetzungen und mit Streitigkeiten, die für die Zukunft keinerlei Nutzen bringen sollten?

Wo hast du eine deinem Alter, deinem Beruf und deinem Schicksal entsprechende Zeit der Muße belassen? Welcher falsche Ruhmesglanz hat dich als Greis in die Auseinandersetzungen der Jungen verwickelt und durch all die erschütternden Vorkommnisse in den einem Philosophen unwürdigen Tod dahingerafft? So hast du leider weder den Ratschlag deines Bruders noch die so zahlreichen und hilfreichen Hinweise der deinen berücksichtigt und wie ein nächtlicher Wanderer, der Licht in die Dunkelheit trägt, hast du denen, die dir folgten eine Bergschlucht gezeigt, in die du selbst auf recht elende Weise gestürzt bist.

Ich übergehe den Dionysius, ich übergehe deinen Bruder und Neffen, ... ich übergehe sogar, wenn es recht ist, den Dolabella, die du bald mit deinem Lob in den Himmel hebst, bald mit überraschenden Schmähungen zerreißest: das könnte man vielleicht noch ertragen. Ich übergehe Caesar, dessen bewiesene Milde an sich schon ein Zufluchtsort für alle war, die ihn herausforderten; ich schweige zudem vom großen Pompeius, bei dem du anscheinend mit dem Recht des Freundes alles erreichen konntest, was dir beliebte.

Aber welche Raserei ließ dich auf Antonius einschlagen? Nach meiner Meinung wohl die Liebe zum Staat, von dem du (aber) bekanntest, er sei schon zusammengebrochen. Wenn dich aber die reine Treue, wenn dich deine Freiheitsliebe antrieb, was ließ dich dann so vertraut mit Augustus sein? Was willst du nämlich deinem Brutus antworten, wenn er sagt: „Wenn dir nämlich Octavius gefällt, so scheinst du mir nicht vor einem tyrannischen Herrn geflohen zu sein, sondern nur einen lieberen Herrn gesucht zu haben!"

Ich empfinde Schmerz über dein Schicksal, mein Freund, und deine Irrtümer verursachen mir ein Gefühl der Scham und des Erbarmens, und zwar gemeinsam mit eben diesem Brutus.

B 2 Es war nicht bös gemeint, Marcus Tullius!

Petrarca XXIV 4

Fast als hätte er ein schlechtes Gewissen wegen seiner Kritik schreibt Petrarca einen zweiten Brief an Cicero, in dem er mehr das Positive herausstellt.

Franciscus Ciceroni suo salutem. Si te superior offendit epistula – verum est enim, ut ipse soles dicere, quod ait familiaris tuus in Andria

Obsequium amicos, veritas odium parit –,

accipe, quod offensum animum ex parte mulceat, ne semper odiosa sit veritas; quoniam veris reprehensionibus irascimur, veris laudibus delectamur. Tu quidem Cicero, quod pace tua dixerim, ut homo vixisti, ut orator dixisti, ut philosophus scripsisti. Vitam ego tuam carpsi, non ingenium, non linguam, ut qui illud mirer, hanc stupeam; neque tamen in vita tua quicquam praeter constantiam requiro et philosophicae professioni debitum quietis studium et a civilibus bellis fugam exstincta libertate ac sepulta iam et complorata republica... O Romani eloquii summe parens, nec solus ego, sed omnes tibi gratias agimus, quicumque Latinae linguae floribus ornamur. Tuis enim prata de fontibus irrigamus ...

B 3 Auch Seneca findet bei Petrarca Kritik

Petrarca XXIV 1 und 5,22 ff.

... Veniam velim, si quid asperius dixero, quam professionis tuae reverentiam deceat. Qui enim me Marco Ciceroni ...non pepercisse legerit, si reliquis itidem vera loquens non pepercero, indignationis materiam non habebit ...

Iuvat vobiscum colloqui, viri illustres, qualium omnis aetas penuriam passa est, nostra vero extremum patitur defectum... Tu vero, venerande vir, et morum, si Plutarcho credimus, incomparabilis praeceptor, errorem vitae tuae, si non molestum est, mecum recognosce!

In omnium saeculorum crudelissimum principem incidisti et tranquillus nauta pretiosis mercibus onustam navem ad infamem et procellosum scopulum appulisti. Cur autem illic haesisti, quaeso te? An, ut in tempestate aspera magisterium approbares? Sed hoc nemo nisi amens eligit. Neque enim, ut fortis est perpeti, sic prudentis est optare periculum! ...

Hi certe sunt actus Neronis tui, Seneca. Ea aetate, qua historici adhuc eum inter homines numerant, tu eum inter deos nec laudante, nec laudato dignis praeconiis conaris inserere et – cuius an te pudeat, nescio, sed me pudet – optimo principum, divo Augusto praeferre non dubitas, nisi forte illud maiore gloria dignum putas, quod Christianos, hominum genus re vera sanctum et innocuum „superstitionis novae ac malificae“ suppliciis affecit, omnis pietatis persecutor atque hostis crudelissimus.

B 2d Es war nicht bös gemeint, Marcus Tullius! (Übersetzung)

Franziskus grüßt seinen lieben Cicero,

wenn dich mein vorangegangener Brief kränkte – es ist nämlich wahr, wie du selbst zu sagen pflegst, was dein Freund in seiner Komödie Andria spricht:

Gefälligkeit schafft Freunde, die Wahrheit Hass –,

so nimm entgegen, was den gekränkten Sinn einigermaßen besänftigt, damit die Wahrheit nicht allenthalben verhasst ist, weil wir ja offenem Tadel zürnen, durch offenes Lob aber erfreut werden. Du jedenfalls, Cicero, – nimm's mir nicht übel – hast wie ein Mensch gelebt, wie ein Redner gesprochen und wie ein Philosoph geschrieben. Ich habe deine Lebensweise kritisiert, nicht deine Begabung, nicht deine Sprache, wie eben einer, der das eine bewundert, das andere nicht verstehen kann; dennoch vermisse ich in deinem Leben nichts außer Beständigkeit und das der philosophischen Berufung schuldige Bemühen um Mußezeit und ein Sich-Heraushalten aus den Auseinandersetzungen der Bürger, nachdem die Freiheit ausgelöscht und der Staat schon ‚beerdigt und beweint' war.

Du oberster Vater der römischen Beredsamkeit: nicht nur ich, sondern wir alle sagen dir Dank, die sich mit den Blüten der lateinischen Sprache schmücken. Denn aus deinen Quellen bewässern wir unsere Wiesen.

B 3d Auch Seneca findet bei Petrarca Kritik (Übersetzung)

... Ich erbitte Nachsicht, wenn ich etwas härter formuliere, als es der Ehrfurcht vor deinem Ansehen entspricht. Wer nämlich gelesen hat, dass ich Marcus Cicero nicht geschont habe, wird keinen Anlass zur Entrüstung haben, wenn ich auch die Übrigen mit gleicher Aufrichtigkeit nicht schone ... Es macht Freude, mit euch, berühmte Männer, ins Gespräch zu kommen, an deren Qualität jedes Zeitalter seinen Mangel hatte, das unsere aber die äußerste Schwäche ... Du aber, verehrenswerter Mann und unvergleichlicher Sittenlehrer (wenn wir dem Plutarch glauben wollen), erkenne zusammen mit mir die Irrtümer deines Lebens, wenn es dir nicht zu beschwerlich ist. Du bist mit dem grausamsten Herrscher aller Jahrhunderte zusammengetroffen und hast dein mit wertvollster Ware beladenes Schiff als allzu ruhiger Matrose an einem berüchtigten sturmgepeitschten Felsen auflaufen lassen. Ich frage dich aber, warum du dort hängen geblieben bist? Etwa, um im rauen Sturm deine Meisterschaft zu beweisen? Aber so entscheidet sich niemand außer einem, der von Sinnen ist. Es ist ja auch nicht so, dass der Weise, so wie es Aufgabe des Tapferen ist, etwas durchzustehen, die Gefahr herbeiwünschen müsste ... So jedenfalls sieht die Handlungsweise deines Nero aus, o Seneca. Zu der Zeit, zu der ihn die Geschichtsschreiber noch unter die Menschen zählen, versuchst (aber) du, ihn unter die Götter einzureihen und zwar mit Lobsprüchen, die weder dem Lobenden noch dem Gelobten entsprechen, und – ich weiß nicht, ob du dich dessen schämst, aber ich schäme mich – zögerst nicht, ihn dem besten aller Herrscher, dem göttlichen Augustus vorzuziehen, es sei denn, du hältst das höheren Ruhmes für würdig, dass er die Christen, eine Menschengruppe, die wirklich sittlich einwandfrei und unschuldig ist, wegen ‚eines neuen und bösartigen Aberglaubens' hinrichten ließ als ein Ankläger gegen jegliche Frömmigkeit und ein überaus grausamer Feind.

B 4 Tacitus über die Christenverfolgung in Rom

Tacitus, Annales XV 44

Sed non ope humana, non largitionibus principis aut de(or)um placamentis decedebat infamia, quin iussum incendium crederetur. Ergo abolendo rumori Nero subdidit reos et quaesitissimis poenis affecit (eos), quos per flagitia invisos vulgus Christianos appellabat. Auctor nominis eius, Christus, Tiberio imperitante per procuratorem Pontium Pilatum supplicio affectus erat; repressaque in praesens exitiabilis superstitio rursum erumpebat, non modo per Iudaeam, originem eius mali, sed per urbem etiam, quo cuncta undique atrocia aut pudenda confluunt celebranturque. Igitur primum correpti, qui fatebantur, deinde indicio eorum multitudo ingens haud proinde in crimine incendii quam odio humani generis convicti sunt. Et pereuntibus addita ludibria, ut ferarum tergis contecti laniatu canum interirent, aut crucibus adfixi aut flammandi, atque, ubi defecisset dies, in usum nocturni luminis urerentur. Hortos suos ei spectaculo Nero obtulerat et circense ludicrum edebat, habitu aurigae permixtus plebi vel curriculo insistens. Unde quamquam adversus sontes et novissima exempla meritos miseratio oriebatur, tamquam non utilitate publica sed in saevitiam unius absumerentur.

B 4d Tacitus über die Christenverfolgung in Rom (Übersetzung)

Aber weder durch Beistand von Menschen, noch durch Geschenke von Seiten des Kaisers, noch durch Versöhnungsopfer an die Götter verlor sich die Schmach, dass man glaubte, der Brand sei angeordnet worden. Um also das Gerücht aus der Welt zu schaffen, unterschob Nero Schuldige und belegte sie mit ausgesucht harten Strafen, Angeklagte, welche die Volksmasse, weil sie ihr durch (von den Römern so angesehene) Schandtaten verhasst waren, Christen nannte.

Der Urheber dieses Namens, Christus, war unter Kaiser Tiberius durch den Statthalter Pontius Pilatus hingerichtet worden und der für den Augenblick unterdrückte, verderbliche Aberglaube brach wieder aus, nicht nur in Judäa, dem Ursprung dieses Übels, sondern sogar auch in der Stadt, wohin ja alle schrecklichen und schändlichen Elemente von überall her zusammenströmen und Ansehen finden.

So ergriff man zuerst diejenigen, welche geständig waren, dann wurde auf deren Aussage hin eine ungeheure Menge nicht so sehr mit der Brandstiftung als durch allzu menschliche Hassgefühle belastet und überführt. Bei ihrem Zugrundegehen wurde ihnen noch Verhöhnung zugefügt, so dass sie mit dem Fell wilder Tiere bedeckt durch den Biss von Hunden starben oder ans Kreuz geschlagen oder als Fackeln, wenn die Dämmerung hereingebrochen war, zum Zweck nächtlicher Beleuchtung verbrannt wurden. Nero hatte für dieses Spektakel seine Gärten zur Verfügung gestellt und ließ ein Schauspiel abwickeln, wobei er sich im Gewand eines Fuhrmanns unter das Volk mischte oder auf seinem Wagen stand. Daraufhin entwickelte sich Mitleid sogar gegen solchermaßen Schuldige und die Höchststrafe Verdienende, so als würden sie dem Wüten eines Einzelnen und nicht dem Nutzen des Staates geopfert.

B 5 Der Vesuv-Ausbruch 1944 (aus: Curzio Malaparte, Die Haut)

(In seinem 1949 erschienenen Roman beschreibt der italienische Schriftsteller Curzio Malaparte im 9. Kapitel in sehr dramatischer Weise den Vesuv-Ausbruch des Jahres 1944. Der Text wurde der deutschen Übersetzung von Hellmut Ludwig entnommen.)

Der Himmel klaffte im Osten in einer gewaltigen Wunde; er blutete, und das Blut färbte das Meer tiefrot. Der Horizont zerbröckelte und stürzte in einen feurigen Abgrund. Von tiefem Schluchzen geschüttelt, zitterte die Erde, die Häuser schwankten in ihren Fundamenten, und schon hörte man Ziegel und Mauerwerk sich von den Dächern und Terrasseneinfassungen lösen und mit dumpfem Poltern aufs Straßenpflaster hinabstürzen, warnende Vorboten allgemeinen Unheils. Ein unheimliches Knistern und Knacken fegte durch die Luft, wie von brechenden und zermalmten Knochen. Und über diesem Lärm, über dem Jammern und Angstgeschrei des Volkes, das schwankend, wie blind, kreuz und quer durch die Straßen lief, erhob sich, den Himmel zerspaltend, ein schauerliches Brüllen.
Der Vesuv heulte in der Nacht, Blut und Feuer speiend. Seit dem Tag, da Herculaneum und Pompeji lebend in ihr Grab von Asche und vulkanischem Gestein versanken, hatte man niemals am Himmel eine so fürchterliche Stimme vernommen. Ein riesenhafter Feuerbaum entquoll himmelhoch dem Schlund des Vulkans; es war eine riesige, Staunen erregende Säule aus Rauch und Flammen, die zum Firmament emporklomm, bis sie an die bleichen Gestirne hinanreichte. Längs der Flanken des Vesuvs züngelten Lavaströme abwärts, auf die im Grün der Weingärten verstreuten Dörfer zu. Der blutige Schein der weiß glühenden Lava war so strahlend, dass er in unermesslichem Umkreis Berge und Ebene mit unvorstellbarer Strahlkraft packte. Bäume, Wasserläufe, Häuser, Wiesen, Äcker, Wege waren klar und scharf erkennbar, wie es bei Tage niemals vorkommt; die Erinnerung an die Sonne war fern und verblasst ...
Und obwohl die Entfernung zwischen Vesuv und Monte di Dio, von dessen Höhe wir stumm vor Entsetzen das gewaltige Schauspiel betrachteten, viele Meilen beträgt, erkannte unser Auge, forschend und prüfend auf die eben noch so mondstille Vesuvlandschaft gerichtet, wie Männer, Frauen, Tiere, als seien sie von einer starken Linse herangezogen und vergrößert, in die Weingärten, auf die Felder, in die Obstpflanzungen flüchteten oder zwischen den Häusern der Dörfer umherirrten, die die Flammen schon von allen Seiten beleckten. Und das Auge nahm nicht nur Stellungen und Bewegungen der Menschen wahr, sondern unterschied sogar die gesträubten Haare, die zerrauften Bärte, die starrenden Augen und weit aufgerissenen Münder. Ja man hatte den Eindruck, als höre man das Ächzen und Stöhnen, das sich ihrer Brust entrang.
Der Anblick des Meeres war vielleicht noch Grauen erregender als der der Erde. Soweit der Blick reichte, sah man nichts als eine harte, fahle Kruste, übersät mit Löchern gleich den Narben einer ungeheuerlichen Blatternerkrankung; und unter dieser regungslosen Kruste ahnte man den Druck einer urweltlichen Kraft, eines mit Mühe gebändigten, grimmigen Tobens, wie wenn das Meer drohe, sich aus der Tiefe zu heben, seinen harten Schildkrötenpanzer zu sprengen, um der Erde den Krieg anzusagen und ihren grausigen Aufruhr auszulöschen ...
Eine gewaltige schwarze Wolke, ähnlich dem Sack eines Tintenfisches – und wirklich heißen diese Wolken in Neapel „seppia", wie der Tintenfisch – aus Asche und glühenden Lapilli bestehend, riss sich mühsam vom Gipfel des Vesuvs los, und vom Wind getrieben, der zum unvorstellbaren Glück Neapels aus Nordwesten wehte, schleppte sie sich langsam über den Himmel in Richtung auf Castellammare di Stabia.

2 Eigennamen-Verzeichnis (soweit nicht im Sub-Linea-Kommentar erläutert)

Acutius, Quintus	Anhänger des Pompeius
Aeneas	Sohn des Trojaners Anchises und der Venus, Stammvater der Latiner
Afri	Name der Bewohner Afrikas; besonders auch für die Punier
Agrippina minor	15–59 n. Chr.; Tochter der gleichnamigen Gattin des Germanicus, Frau des Kaisers ↗ Claudius; Mutter des Kaisers ↗ Nero; vergiftete ihren Mann, um ihren Sohn Nero auf den Thron zu bringen, der sie i.J. 59 umbringen ließ.
Anchises	Vater des ↗ Aeneas
Antonius, Marcus	82–30 v. Chr.; Volkstribun 49 v. Chr.; Interessenvertreter Caesars; cos. 44 zusammen mit Caesar; versucht, nach Caesars Ermordung die Macht an sich zu reißen; zweites Triumvirat mit Octavian und Lepidus (43 v. Chr.); begeht nach der Schlacht von Actium Selbstmord.
Aristoteles	384–322 v. Chr.; griech. Philosoph, Schüler Platons, Begründer der peripatetischen Philosophenschule
Attalus II.	159–138 v. Chr. König von Pergamon (↗ S. 88)
Atticus, Titus Pomponius	110–32 v. Chr.; hochgebildeter, kunstsinniger, intimer Freund und Berater Ciceros; setzt seine Verbindungen mit fast allen höher stehenden Persönlichkeiten für die Aufhebung von Ciceros Verbannung ein.
Bithynia	röm. Provinz im nordwestlichen Kleinasien (heutige Türkei)
Brutus, Marcus Iunius	85–42 v. Chr.; Offizier Caesars, nimmt später an dessen Ermordung teil.
Caesar, Gaius Iulius	↗ Informationen auf S. 42 und Zeittafel S. 100 f.)
Caesius, Marcus	Aedil in Arpinum und Freund Ciceros
Caligula	37–41 n. Chr. röm. Kaiser; jüngster Sohn des Germanicus und der ↗ Agrippina
Calpurnia	Ehefrau des jüngeren Plinius
Calvisius Rufus, Gaius	Freund und Briefpartner des jüngeren Plinius aus Comum
Capreae	die Insel Capri
Cassius Longinus	Volkstribun 49 v. Chr., vertrat Caesars Interessen in Rom; 49–47 Caesars Statthalter in Spanien; dort erpresserische und korrupte Amtsführung
Catilina, Sergius Lucius	um 108–62 v. Chr.; Praetor 68 v. Chr., Offizier unter Pompeius; nach mehrmaligem Scheitern bei der Bewerbung um das Konsulat (64 und 63) bereitete er mit Hilfe zahlreicher verschuldeter und unzufriedener Adliger eine Verschwörung vor mit dem Ziel der Gewinnung staatlicher Positionen und eines Schuldenerlasses; bei Pistoria Anfang 62 im Kampf gefallen.
Cato Uticensis, M. Porcius	95–46 v.Chr; überzeugter Republikaner als Vertreter der Senatsaristokratie; Quaestor 65/64 v.Chr.; sprach und stimmte 63 für die Hinrichtung des ↗ Catilina.
Christiani	Benennung der Christen in Rom
Cicero, M. Tullius iunior	geb. 65 v. Chr.; Sohn Ciceros und der Terentia
Cicero, Marcus Tullius	↗ Einführung S. 5
Cicero, Quintus Tullius	um 102–43 v. Chr.; jüngerer Bruder Ciceros, Ausbildung in Kleinasien und Athen, verheiratet mit der Schwester des ↗ Atticus; tat als Unterfeldherr Dienst in Caesars Heer in Gallien und Britannien, verwaltete gerecht und korrekt die Provinz und verärgerte damit die röm. Steuerpächter; 57 Legat des Pompeius in Sardinien; zeitlebens mit seinem Bruder eng verbunden, fand er nach den Proscriptionen 43 mit seinem Sohn den Tod.
Claudius	röm. Kaiser von 41–54 n. Chr.
Clodius Pulcher, Publius	berüchtigter Volkstribun in den 50er-Jahren (↗ Information S. 21)
Crassus, Marcus Licinius	115–53 v. Chr.; schloss mit Caesar und Pompeius das erste Triumvirat (60 v. Chr.), 53 mit seinem Herr von den Parthern bei Carrhae geschlagen und getötet.
Cyzicus	Stadt an der südlichen Küste des Marmara-Meers, ↗ Karte S. 104
Democritus	ca. 460–370 v. Chr.; aus Abdera, Hauptvertreter der Atomistik
Diogenes	404–323 v. Chr; kynischer Philosoph aus Sinope
Diphilus	wohl ein Landgut-Verwalter des Quintus T. Cicero
Dolabella, P. Cornelius	Schwiegersohn Ciceros
Domitius	wohl ein Gastfreund Caesars, 49 v. Chr. ermordet
Dionysius	Stoiker und Zeitgenosse Ciceros; es gibt aber auch einen gleichnamigen Sekretär Ciceros (↗ B1, S. 92)

Epicurus	341–270 v. Chr.; Gründer der epikurischen Philosophenschule; lehrte eine abgewogene Lebensführung zur Erringung der Glückseligkeit, die oft als bloße Genusssucht missdeutet wurde
Fundanus, Minicius	cos. suff. 107 n. Chr., hochgebildeter Brieffreund des Plinius
Fufidianum	Landgut des Quintus Cicero, das dieser von ↗ Fufidius erworben hatte.
Fufidius	römischer Ritter und Steuerpächter aus Arpinum z. Zt. Ciceros
Gallus	Freund und Briefpartner des jüngeren Plinius
Geminus	Brieffreund des jüngeren Plinius
Hannibal	247–183 v. Chr.; karthagischer Feldherr, „Todfeind" der Römer
Hippodamus	sonst nicht bekannter Freund des Quintus Cicero
Hispani	die Bewohner Spaniens (Hispania)
Horatius Flaccus, Quintus	65–8 v. Chr.; römischer Lyriker (Oden, Epoden, Satiren)
Hortensius	114–50 v.Chr.; cos. 69; berühmter römischer Redner z. Zt. Ciceros
Laelius, Gaius	um 190–129 v. Chr.; Freund des jüngeren Scipio; kämpfte als dessen Legat im 3. Punischen Krieg; berühmter Redner, Anhänger der stoischen Lehre; Titelperson in Ciceros Werk De amicitia
Laenius, Marcus	röm. Kaufmann aus der Nähe von Brundisium, gewährte Cicero auf dessen Weg ins Exil Gastfreundschaft
Laurentinum	Landgut des Plinius in der Nähe von Ostia
Lucilius iunior	jüngerer Freund Senecas; verschied. Werke Senecas sind ihm gewidmet.
Maximus	Brieffreund des jüngeren Plinius
Melita	die Insel Malta (↗Karte S. 104)
Memmius	98–46 v. Chr.; Anhänger Caesars
Mescidius	Mitarbeiter des Quintus Cicero
Messalina	dritte Gattin des Kaisers ↗ Claudius
Nero	römischer Kaiser von 54–68 n. Chr.; Sohn der ↗ Agrippina
Octavianus	Beiname des Kaisers Augustus
Papirius Paetus, Lucius	Briefpartner Ciceros aus Neapel, epikureisch beeinflusst
Paternus	Brieffreund des jüngeren Plinius
Petrarca, Francesco	1304–1374, bedeutender italienischer Humanist, der sich mit den römischen Klassikern auseinander setzte und ihnen fiktive Briefe schrieb.
Philoxenus	Gutsverwalter des Quintus Cicero
Plato	427–347 v. Chr.; griech. Philosoph, Schüler des Sokrates; Begründer der 'Akademie'
Plinius d. Ä.	C. Plinius Secundus, 23/24–79 n. Chr.; röm. Offizier, Staatsbeamter, Historiker und Fachschriftsteller (Naturalis historia); kam als Flottenkommandant beim Vesuvausbruch des Jahres 79 n. Chr. ums Leben.
Plinius d. J.	C. Plinius Secundus Caecilius; Neffe und Adoptivsohn des Vorigen (↗Information S. 6)
Pompeii	kampanische Stadt am südlichen Fuß des Vesuvs; 79 v. Chr. durch den großen Vesuvausbruch verschüttet; seit 1860 planmäßig ausgegraben.
Pompeius	↗ Information S. 42 und Zeittafel S. 100 f.
Pomponianus	Unterführer der römischen Flotte unter Plinius d. Ä.
Quintilian	35–ca. 99 n. Chr.; neben Cicero der bedeutendste Theoretiker der römischen Beredsamkeit (Institutio oratoria)
Rufinus, Lucius Fadius	cos. suff. 113 n. Chr., Brieffreund des jüngeren Plinius
Rufus, Calvisius	Freund des jüngeren Plinius aus Comum
Seneca, Lucius Annaeus	↗Information S. 7
Socrates	469–399 v. Chr.; griech. Philosoph, Lehrer ↗ Platos
Spurinna	älterer Freund des Plinius
Suetonius	ca. 70–140 n. Chr.; röm. Historiker (u.a. Kaiserbiographien), Privatsekretär Kaiser Hadrians
Tacitus, Publius Cornelius	ca. 55–117 n. Chr.; römischer Geschichtsschreiber (Agricola, Germania, Historiae, Annales)
Terentia	Gattin Ciceros, ↗Information S. 22
Thrasea, Paetus	cos. suff. 56 n. Chr.: als ein Mann mit republikanischen Sympathien Mitglied der stoischen Opposition; bekannt für seine Unabhängigkeit und Unbestechlichkeit; Selbstmord nach einer von Nero inszenierten Anklage und Verurteilung.
Traianus	röm. Kaiser von 98–117 n. Chr.
Tullia	ca. 79–45 v. Chr.; Tochter Ciceros und der Terentia
Verres, Gaius	ca. 115–43 v. Chr.; erpresserischer, unkorrekter Statthalter der Provinz Sizilien (73–71); nach dessen Amtszeit wurde ihm – mit Cicero als Ankläger – erfolgreich der Prozess gemacht.

3 Zeittafel

	politisch–historisch:		literarisch:
	115	Crassus geboren	
	108	Catilina geboren	109 Atticus geboren
	106	Pompeius und Cicero geboren	
100	100	Caesar geboren	
v. Chr.	87	Marcus Antonius geboren	
			86 Sallust geboren
			84 Catull geboren
	81–79	Cicero tritt als Redner auf	
	79–77	Bildungsaufenthalt Ciceros in Griechenland (Athen, Rhodos)	
	75	Cicero Quaestor	
	70	Verres-Prozess	70 Vergil geboren
	69	Cicero Aedil	
	66	Cicero Praetor	65 Horaz geboren
	63	Cicero Konsul; Octavian (später Kaiser Augustus) geboren	
	62	Aufdeckung der catilinarischen Verschwörung durch Cicero	
	61–59	Quintus Cicero verwaltet Asia	
	60	Erstes Triumvirat: Caesar-Pompeius-Crassus	
	59	Cicero verbannt Caesar Konsul	
	58–52	Bellum Gallicum	
	57	Verbannung Ciceros aufgehoben	
	56	Die Triumvirn verteilen die Macht unter sich	
			54 Catull gestorben
50	51–50	Cicero Statthalter von Kilikien	
v. Chr.	49	Caesar überschreitet den Rubicon Pompeius flieht, Bürgerkrieg	
	48	Schlacht bei Pharsalos Pompeius in Ägypten ermordet	
	47	Begnadigung Ciceros durch Caesar Scheidung von Terentia	
	47–44	Alleinherrschaft Caesars	47 Properz geboren Cicero verfasst *De finibus, Tusculanae disputationes*
	46	Selbstmord des Cato Uticensis	
	44	Caesar ermordet	44 Ciceros Werke *Laelius, Cato Maior* verfasst
	43	Zweites Triumvirat: Antonius-Octavian-Lepidus	43 Ovid geboren

		Cicero ermordet; ebenso sein Bruder Quintus Cicero	
			32 Atticus gestorben
	31	Octavian wird Kaiser (Augustus)	35 Sallust gestorben
			19 Vergil gestorben
			15 Properz gestorben
			8 Horaz gestorben
			4 Seneca geboren
Christus geboren: Zeitenwende			
	14	Augustus gestorben	
		Tiberius Kaiser	17 Ovid gestorben
			23 Plinius d. Ä. geboren
			35 Quintilian geboren
	37	Caligula Kaiser	
			40 Martial geboren
	41	Claudius Kaiser	Seneca nach Korsika verbannt
50	54	Nero Kaiser	
n. Chr			
			55 Tacitus geboren
			61 Plinius d. J. geboren
	63	Erdbeben mit Teilzerstör. Pompejis	
		Erste Christenverfolgung	
	64	neuntägiger Brand Roms	
			65 Seneca von Nero zum
	68	Selbstmord Neros; Vierkaiser-Jahr	Selbstmord gezwungen
	69	Vespasian Kaiser	
	70	Titus erobert Jerusalem	70 Sueton geboren
	79	Vesuv-Ausbruch	79 Tod des älteren Plinius
	79–81	Colosseum erbaut	
	81	Domitian Kaiser	
		Plinius d. J. wird Militärtribun in Syrien	
	88	Plinius Quaestor	
	90	Errichtung der Provinzen Germania superior und inferior	
	91/92	Plinius Volkstribun	
	94	Plinius Praetor	
			95 Quintilian gestorben
	96	Domitian ermordet; Nerva wird Kaiser	
	98	Trajan Kaiser	98 Martial gestorben
		Plinius erhält die *praefectura aerarii*	
100	100	Plinius Konsul	
n. Chr.	103	Plinius Augur	
	110–112	Plinius Statthalter in Bithynien	
		Christenprozesse in den Provinzen	
	113	Plinius gestorben	

4 Literatur zur Brief-Lektüre

4.1 Cicero:

a) Ausgaben:

SHACKLETON BAILEY, D.R.: Epistulae ad Atticum, Stuttgart (Teubner) 1987

DERS.: Epistulae ad familiares, Stuttgart (Teubner) 1988

DERS.: Epistulae ad Quintum fratrem / Epistulae ad Marcum Brutum, Stuttgart (Teubner) 1988

b) Kommentare/Übersetzungen:

SHACKLETON BAILEY, D.R.: Cicero's Letters to Atticus, Vol. I-VI, Cambridge 1965-68; Vol. VII & Index, Cambridge 1970

DERS.: Epistulae ad familiares, Vol. I-II, Cambridge 1977

DERS.: Epistulae ad Quintum fratrem et M. Brutum, Cambridge 1980

DERS.: Cicero, Select Letters, Cambridge 1980

KASTEN, H.: Epistulae ad Atticum, lat.-dt., München 1980

DERS.: Epistularum ad familiares libri XVI, lat.-dt., München 1989

DERS.: Epistulae ad Quintum fratrem, epistulae ad Brutum, fragmenta epistularum, lat.-dt., München 1976

c) Allgemeine Werke:

FUHRMANN, M.: Cicero - Eine Biographie, München 1989

GELZER, M.: Cicero - Ein biographischer Versuch, Wiesbaden 1969

GELZER, M., KROLL, W., PHILIPPSON, R., BÜCHNER K.: M. Tullius Cicero, Sonderdruck des RE-Artikels, Stuttgart o.J.

KROLL, W.: Die Kultur der ciceronischen Zeit, Darmstadt 1985

4.2 Plinius:

a) Ausgaben:

MYNORS, R.A.B.: C. Plini Caecili Secundi epistularum libri X, Oxford 1968

PHILIPS, H.: Plinius - Briefe, Texte und Erläuterungen, Paderborn 1975

b) Kommentare/Übersetzungen:

KASTEN, H.: Plinius, Briefe, lat.-dt., München 1968

LAMBERT, A.: Plinius, sämtliche Briefe, eingeleitet, übersetzt und erläutert, Stuttgart 1969

c) Allgemeine Werke:

BÜTLER, H.-P.:	Die geistige Welt des jüngeren Plinius, Heidelberg 1970
ETIENNE, R.:	Pompeji, die eingeäscherte Stadt, Ravensburg 1993
LEFÈVRE, E.:	Plinius-Studien, Gymnasium 84/6, Heidelberg 1977
MAIURI, A.:	Pompeji - Herculaneum - Stabiae, München 1962
WLOSOK, A.:	Rom und die Christen: zur Auseinandersetzung zwischen frühem Christentum und römischem Staat, AU, Stuttgart 1970

4.3 Seneca:

a) Ausgaben:

REYNOLDS, L.D.:	L. Annaei Senecae ad Lucilium epistulae morales, Oxford 1991
PRÉCHAC, F.:	Sénèque. Lettres à Lucilius, lat.-frz., 5 Bände, Paris 1985

b) Kommentare/Übersetzungen:

ROSENBACH, M.:	L. Annaeus Seneca, Philosophische Schriften, lat.-dt., Bd. 3 u. 4: Ad Lucilium epistulae morales [lat. Text nach Préchac], Darmstadt 1995
LORETTO, F.:	L. Annaeus Seneca, Epistulae morales ad Lucilium, lat.-dt., Stuttgart 1995
RUBENBAUER, H.:	Römische Briefe, München/Berlin 1933

c) Allgemeine Werke:

BÜTLER, H.-P.:	Schweitzer, H.-J.: Seneca im Unterricht, Heidelberg 1974
KNOCHE, U.:	Der Philosoph Seneca, Frankfurt a. Main 1933
KREFELD, H.:	Seneca und wir - Zugänge zur Aktualität seiner Lehre, Auxilia 31, Bamberg 1992
MAURACH, G.:	Der Bau von Senecas epistulae morales, Heidelberg 1970
DERS.:	Seneca als Philosoph, Darmstadt 1987
NORDEN, E.:	Die antike Kunstprosa, Vol. I, S. 306 ff., Stuttgart 1983
REINHART, G., SCHIROK, E:	Senecas epistulae morales - Zwei Wege ihrer Vermittlung, Auxilia 19, Bamberg 1988

4.4 Allgemeine Nachschlagewerke:

Lexikon der Alten Welt, 3 Bde., München/Zürich 1965

Der Kleine Pauly, Lexikon der Antike, 5 Bde., München 1979

SCYTHAE
Novum Comum
Mediolanum
Padus
Pola
ILLYRII
Ister
THRACES
Tomi
GETAE
Pontus Euxinus
Corsica
Sardinia
Roma
Ostia
Tusculum
Arpinum
Laurentum
Via Appia
Beneventum
Neapolis
Vesuvius
Pompei
Tarentum
Brundisium
Paestum
Kroton
Vibo
Rhegion
Messina
Segesta
Himera
Selinus
Aetna
Acragas
Leontini
Syracusae
Gela
Carthago
Melita
Duracchium
Apollonia
MACEDONES
Abdera
Byzantium
Nicomedia
Pella
Stagira
Cyzicus
BITHYNI
Ilion (Troja)
Assus
Pergamon
Sardes
LYDI
Mytilene
Chios
Ephesus
Samos
Priene
Miletus
CARES
Halicarnassus
Rhodos
GRAECI
Corcyra
Elaea
Chaeronea
Delphi
Thebae
Megara
Athenae
Sounion
Elis
ACHAEI
Corinthus
Olympia
Megalopolis
Sparta